Vermarktete Ethik

SCHÄFFER
POESCHEL

Vermarktete Ethik

Herausgegeben von
Adolf-Friedrich Jacob

mit Beiträgen von
Hans H. Bauer, Adolf-Friedrich Jacob,
Marcel Kisseler und Jürgen Kösters

1993
Schäffer-Poeschel Verlag Stuttgart

Schriftenreihe der
Wissenschaftlichen Hochschule
für Unternehmensführung Koblenz,
Management /7

Die Deutsche Bibliothek – CIP-Einheitsaufnahme

Vermarktete Ethik / hrsg. von Adolf-Friedrich Jacob. Mit Beitr. von Hans H. Bauer ... – Stuttgart : Schäffer-Poeschel, 1993
(Schriftenreihe der Wissenschaftlichen Hochschule für Unternehmensführung Koblenz : Management : 7)
ISBN 3-7910-0701-7
NE: Jacob, Adolf-Friedrich [Hrsg.]: Bauer, Hans H.: Wissenschaftliche Hochschule für Unternehmensführung <Koblenz> : Schriftenreihe der Wissenschaftlichen Hochschule für Unternehmensführung Koblenz / Management

Gedruckt auf säurefreiem, alterungsbeständigem Papier

ISBN 3-7910-0701-7

Einbandgestaltung: Kurt Weidemann
Druck: Druck-Partner Rübelmann, Hemsbach
Printed in Germany

Schäffer-Poeschel Verlag Stuttgart

EIN VERLAG DER SPEKTRUM FACHVERLAGE GMBH

Vorwort

Am 2. Oktober 1992 fand als Dies academicus an der Wissenschaftlichen Hochschule für Unternehmensführung Koblenz der vierte Vallendarer Economics & Business Ethics Workshop statt.

In Fortsetzung der vorangegangenen Veranstaltungen: *Bankenmacht und Ethik* (1989), *Wandel der Werte - Werte des Wandels* (1990) und *Eine Standesethik für den internationalen Finanzmanager?* (1991) stand die diesjährige Veranstaltung unter dem knappen Motto: *Vermarktete Ethik.*

Zu Wort kamen zwei Praktiker - Jürgen Kösters und Dr.Marcel Kisseler - und zwei Lehrstuhlinhaber der WHU: Hans H. Bauer und der Herausgeber. Die Aussagen zum Thema geben, wie ich meine, ein gelungenes Kaleidoskop der An- und Einsichten. Einserseits wird nach dem Sinn und Unsinn der Ökologiefonds gefragt mit einer sehr vorsichtig formulierten positiven Antwort. Andererseits attakkiert der Vertreter des Verbraucherschutzes vehement die - hin und wieder vorkommende - Übung, daß "ein Unternehmen sich ein ethisches Mäntelchen umhängen will", wo es doch nur um Umsatz geht. Daß hier aktuell der Benetton-Fall als ein herausragendes Beispiel negativer Ethikvermarktung zitiert wird - dies ist nicht überraschend. Reizvoll ist jedoch, daß ein Marketinglehrstuhl-Inhaber seine Ausführungen mit eben diesem Fall schließt und ihn, provozierend für Hörer und Leser, auf die rhetorische

Spitze treibt. Hans H. Bauer will den, wie er es nennt, Aufschrei "Vermarktete Ethik" als Hinweis für ein krypto-amoralisches Phänomen gelten lassen und raisoniert über "Konsumentensouveränität oder Manipulation der Nachfrager durch Marketing?", so ein wichtiger Abschnitt seines Essays.

Schließlich wird das Lotterielos als Finanzierungsmittel und -titel vorgestellt und an zwei Beispielen aus dem Koblenzer Raum - der Antisklaverei-Lotterie von 1892 und der Roentgen-Möbel-Lotterie von 1768, letztere ein interessantes Beispiel einer ungewöhnlichen Unternehmenssanierung, - behandelt.

Die WHU hofft, dem Leser Denkanstöße vermitteln zu können.

Vallendar, im Oktober 1992 *Adolf-Friedrich Jacob*

Inhalt

Vorwort V

Hans H. Bauer
Marketing und Ethik?
Vermarktete Ethik! 1

Jürgen Kösters
Sinn und Unsinn der Ökologiefonds 30

Marcel Kisseler
Vermarktete Ethik aus der
Sicht des Wettbewerbsrechts 44

Adolf-Friedrich Jacob
Tue Gutes, rede darüber,
und lass' andere bezahlen 67

*Hans H. Bauer**

Marketing und Ethik? Vermarktete Ethik!

1. Vorbemerkungen

Als mich Kollege Jacob vor einiger Zeit bat, am "Dies academicus" einen Vortrag zu halten über das Thema Marketing und Ethik, habe ich sofort zugesagt und auch alsbald mit meinen Überlegungen begonnen. Vor einigen Wochen sah ich nun in der Einladung, daß das Thema dieses Tages lautet "Vermarktete Ethik". Dieser Wechsel in der Fokussierung brachte mich nur ganz kurz ins Schleudern, er kam mir sogar gelegen. Er regte mich nämlich dazu an, mein Thema nun so zu benennen: "Marketing und Ethik? Vermarktete Ethik!"

Ich will also zum einen erläutern, was Marketing von Gütern und Dienstleistungen mit Ethik zu tun hat. Zum anderen werde ich etwas zu vermarkteter Ethik ausführen, womit allerdings nicht die Absatzprozesse von Moralproduzenten (Stichwort: Marketing für Ideen) gemeint sind (was vielleicht nötig wäre, wenn der vielfach konstatierte Niedergang der Moral eine faktisch richtige Feststellung ist). Nein, ich verstehe den Aufschrei "Vermarktete Ethik!" als Hinweis auf ein krypto-amoralisches Phänomen - d. h.

---

* Prof.Dr. Hans H. Bauer, Wissenschaftliche Hochschule für Unternehmensführung Koblenz

auf das Verbergen moralisch negativer oder neutraler Marketing-Prozesse unter dem gewinnbringenden Deckmantel ethisch-positiver Gesinnung.

Wenn ein Marketing-Professor hier und heute über Marketing und Ethik referiert, so wird es manchem spontan so vorkommen, als ob ein Tresorknacker auf der Polizeischule einen Vortrag hält über die Einbruchsicherheit von Geldschränken. Das vielleicht vorhandene Vorurteil vom Bock als Gärtner schützt einerseits mich: Es befreit mich von der Erwartung, hier absolut Letztgültiges zu sagen. Es zeigt aber auch, daß Marketing beim Thema Ethik besonders im Zielkreuz liegt. Die Diskussion Marketing und Ethik will ich deshalb beginnen mit der Frage nach einem besonderen Bedarf an Moraldiskussionen im Marketing-Management.

2. Marketing und Ethik

2.1. Zur "ethischen Lücke" im Marketing-Management

Marketing-Manager treffen oft Entscheidungen, bei denen sie sich im Wertekonflikt für das moralisch Schlechte entschließen. Bekannte schlimme Beispiele sind:

- Der Vertriebsleiter der staatlichen, französischen Blutbank verkauft Blutkonserven, obwohl er weiß, daß sie AIDS-infiziert sind.
- Benetton startet eine Werbekampagne, in der mit Hilfe der Zurschaustellung von menschlichem Leid und menschlichem Unrecht ein heutzutage so sehr

gewünschter "unüblicher Marktauftritt" realisiert wird.

Die Vorwürfe an das Marketing, schlecht zu sein, gehen in die Legionen:

- Irreführung, Verletzung von Wertvorstellungen in der Werbung
- Täuschung bei der Preisstellung
- Getarnte Marktforschung
- Verwendung persönlicher Daten ohne Wissen der Betroffenen
- Mangelhafte unwahrhaftige Beratung, Information
- Schädliche, schlechte Produkte
- Psychologischer Kaufzwang in Verkaufsveranstaltungen, z. B. bei "Kaffeefahrten", "Verkaufsparties", "Hautürverkauf"
- Förderung des Konsumdenkens
- Ökologisch schädliche Produkte
- Frauenfeindliche oder unanständige Werbung.

Dies veranlaßte die Marketing-Professorin Ursula Hansen, beim Marketing-Manager eine besondere "ethische Lücke" zu konstatieren (Hansen 1988).

Ich glaube, daß Kollegin Hansen mit dieser Feststellung nicht allein dasteht. Fragen Sie einmal selbst herum, was Ihre Bekannten bei dem Stichwort "Marketing-Ethik" sagen. Die meisten werden vermutlich den Begriff als Widerspruch in sich bezeichnen, wenn sie überhaupt wissen, was Marketing ist. Da kann man fast froh sein, daß dies wiederum nicht bei allen Personen der Fall sein dürfte.

Es ist klar, daß bei einer solchen Art vermuteter Realität das Selbstverständnis von Marketing-Managern - und übrigens auch von Marketing-Professoren - bedroht ist, lautet doch die Grundmaxime des Marketing, sich am Wohle der Nachfrager zu orientieren. Und dieses Wohl müßte ja auch eine Kompatibilität von Wirkungen der Marketing-Handlungen und Wertvorstellungen der Konsumenten bedeuten.

Die Lücke besteht nach Hansen zweifach, in einer Diskrepanz zwischen dem privaten und beruflichen Rollenverhalten einerseits (Rollenlücke) und zumindest implizit in einer Diskrepanz zwischen realer Ausprägung der Moral von Marketing-Managern und einer wünschenswerten Ausprägung dieser Moral andererseits (normative Lücke). Für Hansen liegt der Grund darin, daß Marketing-Manager ethische Entscheidungen relativ unvorbereitet treffen, zumindest was ihre Ausbildung als Wirtschaftsakademiker angeht. Dort, so ihre Argumentation, dominiert nämlich ein in seinem Begründungszusammenhang wertfreies Wissenschaftsverständnis, das ethische Probleme somit ausgrenzt und häufig sogar dazu erzieht, in der Abwägung zwischen Moral und ökonomischen Sachzwängen letztere höher einzustufen. Dies ist um so gravierender, als die Machtkonzentration in der Wirtschaft zu einer Aushöhlung der moralisch positiven Wirkungen des marktwirtschaftlichen Systems und zu einem größer werdenden Bedarf an individual-ethischer Begründung wirtschaftlichen Tuns geführt hat. In der Marketing-Ausbildung müsse deshalb diese Kritik an unmoralischen Marketing-Praktiken aufgegriffen und entsprechend ethisch rechtfertigbare Handlungskonzepte gelehrt werden.

Nach Hansen lautet die Frage also: Wie kann ein angehender Marketing-Manager unterstützt werden, um sich selbst die ethische Daumen-Nagel-Frage zu beantworten? "Would I feel comfortable, explaining to a national TV audience why I took this action?". Immerhin wird in diesem Verschnitt des Kant'schen Imperativs der Wunsch deutlich nach einer grundnormengerechten Entscheidung im Wertekonflikt.

Zur weiteren Durchdringung unseres Gegenstandes muß ich jetzt einiges Grundsätzliches zu Moral und Ethik ausbreiten.

2.2. Moral und Ethik

Schon immer wurden Menschen und ihr Handeln bewertet: als gute und böse Menschen, als gutes und schlechtes Handeln. Jede Kommunikation zwischen Menschen, die Verhalten nach gut und schlecht unterscheidet und weshalb den Trägern dieses Verhaltens Achtung oder Mißachtung zugeteilt wird, kann man als Rede über Moral bezeichnen (Roellecke 1990). Moral bezieht sich deshalb zwingend immer auf Personen. Sie ist zwar im Kern ein personales Phänomen, aber auch ein sozial eminent wichtiges Element.

Ethik hingegen ist die Lehre, oder, wenn man so will, die Wissenschaft vom richtigen oder falschen, d. h. vom sittlichen Handeln. Ethik ist damit die Reflexion auf der Meta-Ebene über das Objekt Moral. Ethik verhält sich zu Moral wie Lehre zu Handeln. Ethik ist die Kommunikation der Philosophen über Gut und Schlecht und über die Methoden, mit deren Hilfe sie zur Charakterisierung eines Tuns als gut oder schlecht kommen. Ethik als die Lehre vom Sollen oder vom Nicht-Dürfen schließt natürlich moralische Analysen mit ein. Schließlich sollte keine Wissenschaft einen Gegenstand bearbeiten, hier die Moral, ohne über dessen empirisch faktische Verbreitung, hier das gute und schlechte Handeln, aufzuklären.

In ihrer konkreten Ausprägung bedeutet Ethik eine Ordnung von Werten in einer Gesellschaft oder Gruppe. Diese Ordnung ist nicht einfach die Summe individueller Wertvorstellungen, sondern die Menge jener Werte, für die ein breiter, gesellschaftlicher Konsens erreicht wurde. (In einer pluralistischen freiheitlichen Gesellschaft gibt es segmentspezifisch modifizierte Wertehierarchien; alle müssen sich aber in einem Teil überlappen.) Diese Werte werden alsdann in dieser Gesellschaft kommuniziert und möglichst zur Durchsetzung gebracht, z. B. mit Hilfe von Philosophie, Religion, Tabus oder auch Vorbildern, Politik und Anstandsregeln. Der Zweck besteht nicht nur darin, gesellschaftliches Zusammenleben zu erleichtern. Werden Werte durch Tabus geschützt oder gefördert, so stellen diese eine Art psychotherapeutische Institution zur Bewahrung möglichst großer Seelenhygiene der Mitglieder einer Gesellschaft dar. Wird dieser Mechanismus zur Erhaltung illegitimer Machtpositionen mißbraucht, schlägt das Phänomen allerdings in sein Gegenteil um. Grundsätzlich gilt das Paradoxon der Freiheit nach Popper: Freiheit durch Freiheitsbeschränkung. Der Mensch, der gut sein will, muß ferner die konsensgetragene Ordnung der Werte anerkennen und sie für sich und sein Verhalten anstreben (Molitor 1989).

Doch was sind nun gute Werte in einem absoluten Sinne? Zu dieser Frage gibt es natürlich sehr unterschiedliche Antworten. Einigkeit besteht vielleicht darin, daß der Mensch das sittlich Gute dann verwirklicht, wenn er alle seine Anlagen entsprechend der ihm gegebenen Vernunft entfaltet und damit zu sich selbst findet, sich selbst verwirklicht im Gutsein. Dabei wird als gleichgewichtige Nebenbedingung anerkannt, daß der einzelne dabei seine sozialen Verpflichtungen erfüllt, dem anderen also auch zum Gutsein in Freiheit verhilft (Angehrn 1981).

Dieser Grundanspruch wird seit Plato rationalisiert mit Hilfe der vier Kardinaltugenden: der Gerechtigkeit, Tapferkeit, Klugheit und Mäßigung. Dieser Katalog der Angelpunkte ethischen Handelns zeigt in zwei Konstrukten direkt und sehr schön die untrennbare Verknüpftheit von individuell und sozial Gutem. Das heißt aber auch, daß die ethische Tragweite von Handlungen um so mehr zunimmt, je mehr menschliche Tätigkeiten das Wohl anderer Menschen tangieren. Wo ist das stärker der Fall als im Bereich wirtschaftlicher Tätigkeiten?

Für den Problembereich Wirtschaftsordnung und Ethik ist nun noch die Frage von Interesse, inwieweit eine Institution einer Gesellschaft moralisch sein kann (Göbel 1992). Institutionen entfalten Wirkungen ebenso wie menschliches Handeln, so daß von den Wirkungen ausgehend auch Institutionen als gut oder schlecht bezeichnet werden können. Institutionen haben jedoch keine Gesinnung. So gesehen können nur die sie schaffenden, tragenden und bejahenden Personen gut oder böse sein, weshalb sie sich ja auch entsprechende Institutionen schaffen. Institutionen-Ethik, die meist Sozial-Ethik heißt, kann jedenfalls darüber nachdenken, was Institutionen für die Moral bedeuten; ob beispielsweise Individual-Ethik subsidiär zu Sozial-Ethik oder komplementär ist. Nach Molitor (1989, S. 29 ff.) ist es ein eminent wichtiges Problem der Ethik, darüber nachzudenken, wie institutionelle Bedingungen mit (personaler) Unmoral (das ist vielleicht schon pleonastisch) interagieren, wie also im Sinne eines moralischen Interaktionseffektes verstärkende oder abschwächende Wirkungen von einem auf das andere ausgehen.

Moral ist also ein personales Phänomen. Das Verhalten von Individuen wird allgemein als situations- und zielbezogen verstanden. So wie bei sachlichen Aspekten des Handelns kommt die moralische Dimension des Verhaltens von Individuen durch die Tatsache einer freien Entscheidung zwischen verschiedenen Handlungsalternativen zum Tragen. Ansatzpunkt der Moral ist deshalb die vernunftgetragene Willensentscheidung der Individuen. Dabei meint vernunftgetragen lediglich die Berücksichtigung irgendeiner und nicht einer besonderen Ziel-Mittel-Beziehung.

Damit wird auch der Standpunkt vertreten, daß es auf den Willen allein nicht ankommen kann, gemäß dem Kant'schen Satz "Gut ist allein ein guter Wille." Moral muß sich ja auch mit den Folgen von Handlungen beschäftigen, so wie es bereits in der Bibel steht: "An ihren Früchten sollt ihr sie erkennen." Der Streit zwischen Gesinnungs-Ethik und Verantwortungs-Ethik ist unergiebig, weil Folgen immer auch moralisch beurteilt werden können. Roellecke (1990, S. 27) schreibt: "Die Moral verhält sich zu den Folgen des Handelns wie der Igel zum Hasen. Wenn die Folgen herankeuchen ist die Moral immer schon da." In der Moral relevant sind damit die Ziele und die Mittel, die Gesinnung und die Folgen. Eine reine Gesinnung greift zu kurz, schon deshalb, weil die Frage nach der Erlaubtheit der Mittel m. E. häufiger gestellt wird als die Frage nach der Geeignetheit der Mittel. Sind die Mittel zielführend, z. B. auch das Nichtstun, wo ja die Gesinnung selten geprüft wird? Und sind sie nebenwirkungsfrei? Diese Fragen muß man sich ebenso stellen.

Molitor (1989, S. 33) beklagt in diesem Zusammenhang das Problem der Moralspaltung, wobei im einfachen Fall die einen Zeitgenossen normprüfendes Gewissen spielen und die anderen normbefolgend die Verantwortung für die Folgen tragen sollen. Andererseits können diejenigen, die die schwere Last der Verantwortung tragen, häufig ebenfalls ein Moralprivileg für sich in Anspruch nehmen, indem die Folgen in sozial komplexen Systemen meist einem Handeln nicht mehr genau oder rechtzeitig zuordenbar sind. Diese moralische Haftungslockerung führt vor allem im politischen Bereich häufig dazu, sich auf die gute Gesinnung zu beschränken (Opposition) bzw. die kurzfristigen, guten Folgen zu wenig mit den langfristig schlechten Folgen des Handelns in einer Trade-off-Rechnung darzustellen (Regierung).

Kommen wir nun zur ethischen Problematik des Marketing.

2.3. Ethische Problematik des Marketing

2.3.1. Fragen einer Marketing-Ethik

Es gibt in der Marketing-Literatur - vielleicht im Gegensatz zu einem weit verbreiteten Vorurteil - doch einige Beiträge, die sich mit der ethischen Problematik des Marketing beschäftigen. Nur ist dies häufig nicht direkt sichtbar wie in den Fällen, in denen Marketing-Ethik im Titel der Arbeit auftaucht. Große Teile des Problemfeldes werden nämlich erstens im Bereich Wirtschaftsethik ganz allgemein angesprochen. Schließlich finden sich Arbeiten, die sozusagen im Objektbereich der Ethik, also im Bereich konsensfähiger

Werte, deren Betroffenheit von und Relevanz für Marketingaktivitäten diskutieren. Beispiele sind die Bereiche soziale Verantwortung und Marketing, Verbraucherschutz und Marketing oder ökologisches Marketing (siehe z. B. Raffée/Wiedmann 1989; Silberer 1985). Schließlich liegen im Gegenstandsbereich Ausführungen beispielsweise zur irreführenden Werbung, zur Problematik der Preisauszeichnung, zu hard-selling-Methoden des Verkaufs und ähnlichen Vermarktungsphänomenen vor. Insgesamt ergibt sich ein Spektrum, das der Ordnung bedarf.

Meines Erachtens läßt sich diese Ordnung durch zwei Überlegungen herstellen. Zum einen kann man über Marketing und Ethik räsonieren, indem man die Marketingfunktion als essentielle Basisfunktion von Unternehmen in einer marktwirtschaftlichen Ordnung versteht und somit Marketing als äußerst prägnanten Teil der Marktwirtschaft versteht. Damit ist Marketing betroffen von der Diskussion über Ethik und marktwirtschaftliche Ordnung, wobei hier wieder zu unterscheiden ist:

Einmal geht es um mögliche moralische Voraussetzungen der Marktwirtschaft an sich, die dann natürlich auch für den Bereich der Absatzfunktion gelten.

Zum anderen geht es um jene besonderen Facetten der Marktwirtschaft, die quasi für diese grundlegend sind, aber speziell im Aufgabenfeld der Marketingtheorie liegen, und um deren ethische Problematik.

Daneben läßt sich ein zweiter großer Hauptblock bilden aus jenen Arbeiten oder Überlegungen, die einzelne Marketingaktivitäten oder Komponenten der Marketingkonzeption daraufhin diskutieren, inwieweit ethische Belange davon berührt sind.

Behandeln wir zunächst das Marketing als Spitze des "Eisbergs Marktwirtschaft".

2.3.2. Marketing als Spitze des "Eisberges Marktwirtschaft"

Die Vermarktung von Gütern und Dienstleistungen, also das Marketing, ist der für jedermann sichtbare Teil einer marktwirtschaftlich organisierten Wirtschaftsordnung. Schließlich nehmen wir alle als private Nachfrager als Zielpersonen dieses Vermarktungsprozesses an dem Geschehen teil. Manche Kritikpunkte am Marketing sind deshalb nur vordergründig an die Adresse des Marketing gerichtet. Gemeint ist vielfach die Ethik der marktwirtschaftlichen Wirtschaftsordnung schlechthin (siehe hierzu Molitor 1989 und - eher kritisch - Koslowski 1986).

Das marktwirtschaftliche System hat mit Moral in zweierlei Hinsicht zu tun. Zum einen liefert sie moralisch bewertbare Ergebnisse, zum anderen erfordert sie personale Moralvoraussetzungen.

Die Marktwirtschaft erfüllt die für Wirtschaftssysteme notwendige Koordinations-, Informations- und Motivationsfunktion in hervorragender Weise, nämlich durch freie Preisbildung, durch den Marktprozeß und durch die Chance auf Einkommensdifferenzierung durch Informationsvorsprung, Risikoübernahme und geistige oder physische Leistung (Molitor 1989, S. 70 ff.). Der moralische Gehalt der Marktwirtschaft steckt in der Verbindung einer hohen individuellen Verhaltensfreiheit mit einem dreifachen "Sozialversprechen", einem hohen Versorgungsgrad, einem Vorzug für die Konsumenteninteressen als letztendliche Steuerungsinstanz und einer Teilhabe der privaten

Haushalte an der Produktivitätssteigerung, alles in allem also einem hohen Gemeinwohlversprechen.

Um die erwünschten, positiv zu bewertenden Effekte zu erreichen, müssen folgende Voraussetzungen gegeben sein:

- Vorliegen von Wettbewerb mit seiner Fortschritts-, Kostenkontroll- und Machtkontroll-Funktion,
- die Dispositionsfreiheit mit den Elementen Privateigentum, Gewerbe- und Berufsfreiheit, Marktzutrittsfreiheit und Vertragsfreiheit,
- die Nutzenmaximierung als sachlich technisches Ziel und Grundprinzip bei wirtschaftlichen Entscheidungen.

Diese konstruktiven Voraussetzungen sind nun aber ohne (personale) moralische Maxime nicht denkbar, weil nicht funktionsfähig. So erfordert das Element Wettbewerb in moralischer Hinsicht die Übereinkunft, sich dem Wettbewerb zu stellen, also die Anerkennung des Vorsprungs- und Leistungsprinzips. Es erfordert aber auch die Akzeptanz der staatlich gesetzten Wettbewerbsordnung, die Wettbewerb sichern soll. Die Verfügungsfreiheit über Eigentum setzt die Respektierung von Eigentum voraus, aber auch die soziale Bindung des Eigentums. Die Gewerbe- und Berufsfreiheit kommt ohne Maxime wie Gewissenhaftigkeit und Zuverlässigkeit bei der Ausübung wirtschaftlicher Aktivitäten ebenso wenig aus wie die Vertragsfreiheit ohne die moralische Maxime der Vertragstreue. Schließlich läßt sich zeigen, daß das Prinzip der Nutzenmaximierung letztendlich auf der Moral der Gegenseitigkeit und langfristig auf den Verzicht von moral hazard-Verhalten beruht ("Tit for Tat").

Es ist also falsch, wenn man sagt, daß aufgrund der positiven moralischen Wirkungen der Institutionen der Marktwirtschaft eine personale Moral nicht mehr von Nöten wäre. In sozialistischen Zentralwirtschaften ist es ja so, daß dort die hohen Moralanforderungen die Last der positiven Wirkung alleine zu tragen hatten und bekanntlich nicht hinreichend waren zur Erzielung der erwünschten Ergebnisse. Die system-ethischen Wirkungen geeigneter Institutionen bleiben im Vergleich zur Marktwirtschaft aus, Planwirtschaften versagten nicht deshalb, weil die sozialistischen Moralvoraussetzungen zu hochwertig sind (weshalb sie höchstens so lange existieren konnten). Die Maximen "jeder arbeitet für alle, alle sorgen für jeden", d. h. Selbstlosigkeit und Solidarität, sind jedenfalls allein nicht in der Lage, die Mühlen des sozialistischen Wirtschaftssystems zu einem positiven Ergebnis zu treiben. Nicht nur das, die realen sozialistischen Staaten haben gezeigt, daß dieses System sogar Substanz verbraucht, und zweifellos ist es höchst unmoralisch, einem Volk mehr zu nehmen als zu geben.

Wir halten fest: Marketing als Spitze des "Eisbergs Marktwirtschaft" ist ethisch gut, auch wenn diese Wirtschaftsordnung ihre guten Wirkungen nur dann entfaltet, wenn das Verhalten der Akteure von wichtigen ethisch-positiven Werthaltungen geprägt ist, letztere allein aber diese guten Wirkungen niemals generieren würden.

Dabei sind zwei Aspekte aus der Sicht des Marketing von besonderem Interesse. Der hohe Versorgungsgrad führt zu einem in quantitativer und qualitativer Hinsicht immensen Güterangebot sowie zu einem individualisierten Güterangebot, das in ethisch-philosophischer Hinsicht den Vorwurf des Konsummaterialismus und des Konsumhedonismus auslöst. Ferner ist zu fragen, ob der Vorzug für Konsumenteninteressen als Steuerungsinstanz, d. h. Konsumentensouveränität, faktisch gegeben ist. Hiermit ist der Manipulationsvorwurf an das Marketing gemeint. Beide Aspekte sollen jetzt aufgegriffen werden.

2.3.3. Konsumentensouveränität oder Manipulation der Nachfrager durch Marketing?

Wir haben bereits oben ausgeführt, daß die letztendliche Steuerung aller wirtschaftlichen Prozesse durch die Nutzenerwartungen der privaten Haushalte ein positiv zu bewertendes Konzeptmerkmal der Theorie der marktwirtschaftlichen Ordnung darstellt. Es entspricht in vollendeter Weise der Idee der Basisdemokratie. Die Handlungsfreiheit von Nachfragern (ebenso wie selbstverständlich die der Anbieter) ist in der Tat ein ethisches Gebot. Kritiker meinen nun, daß die Handlungsfreiheit der Nachfrager faktisch deshalb nicht gegeben sei, weil die Anbieter durch manipulative Marketingtechniken, insbesondere im Rahmen der Werbung, Verbraucher mit psychischer Gewalt zu übermäßigem und/oder falschem Konsum bewegen. Durch suggestive und raffinierte psychologische Beeinflussungstechniken würden Menschen quasi unwillentlich zu Handlungen bewogen, die ihrem wohlverstandenen Interesse widersprächen. Diese psychische Gewalt würde erreicht werden durch sozialpsychologische Beeinflussungstechniken und durch soziologische Verankerungen falscher ethischer Normen wie Hedonismus und Materialismus (Angehrn 1990).

Hierzu ist zweierlei zu sagen. Erstens bedeutet das Konstrukt der Konsumentensouveränität in der Marktwirtschaftstheorie lediglich, daß die Produktionspläne der Anbieter gesteuert werden durch viele Einzelentscheidungen von Nachfragern anstatt von einem "Ombudsmann für Produkte". (Diese Behörde muß man sich einmal vorstellen, die fast 100 Industrieministerien der alten Sowjetunion können dabei helfen.) Wie die Kaufentscheidungen in einem entscheidungs- und verhaltenstheoretischen Sinne zustande kommen, liegt nicht im Erklärungsbereich dieser Theorie. Man darf nun einmal theoretische Konstrukte nicht von einer Theorie unverändert in eine andere übernehmen und von dort aus kritisieren. Das ist die berühmte Pappkameradentechnik, die heutzutage viele Diskussionen - auch unter Beteiligung von Wissenschaftlern - um das Ergebnis bringen.

Nun ist es zweitens zweifellos richtig, daß Marketing und Werbung als Sonderformen der Kommunikation wie jede andere Kommunikation darauf ausgerichtet sind, in zwischenmenschlichen Beziehungen geistige Inhalte zu übertragen, um sie beim Empfänger als eigene Inhalte zu verankern und zu entsprechenden Verhaltensäußerungen werden zu lassen. Diese Art "Fremdbestimmung" des Handelns von Verbrauchern kann aber nicht gemeint sein, sonst wäre jede Art von Kommunikation ethisch verwerfliche Fremdbestimmung. Es können nur solche Kommunikationsinhalte gemeint sein, die vom Empfänger aufgenommen werden, ohne durch dessen Filter des Bewußtseins und der willentlichen Akzeptanz gelangt zu sein (Kroeber-Riel 1984, S. 663). Vernunftgeleitete, willentliche Akzeptanz von Kommunikationsinhalten wäre, so die Meinung, vor allem dann nicht möglich, wenn über die Erregung von

Emotionen der Verstandesteil des menschlichen Geistes außer Kraft gesetzt wird. Der Bewußtseinsfilter wird weiter umgangen, wenn durch unterschwellige Kommunikationsmaßnahmen ebenfalls an der Vernunftmaschine des menschlichen Geistes vorbei Inhalte ins Innensystem des Menschen gelangen. In beiden Fällen, so könnte man vorschnell urteilen, sind ethische Maßstäbe verletzt.

Nun zeigt sich in der Kommunikationstheorie die Unmöglichkeit reiner, d. h. bewußter und rationaler Kommunikationsvorgänge. Allein die Motivation dafür erfordert beim Empfänger affektive Impulse. Wenn ein Verkäufer einen Kunden freundlich anlächelt, so setzt er bei diesem nicht nur die Motivation frei, ein Verkaufsgespräch zu beginnen, sondern er sendet auch ganz unterschwellig die Botschaft: "Ich mag dich, ich will mich dir zuwenden", ohne daß der Kunde diese Botschaft kognitiv und damit bewußt wahrnimmt. In diesem Sinne gibt es keine Konsumentensouveränität, verstanden als Ergebnis eines rationalen Prozesses. Was es faktisch gibt, sind Entscheidungen für oder gegen Produkte als Ergebnis eines Prozesses, der mehr als eine rationale, unabhängige Entschlußbildung umfaßt.

Wichtig ist meines Erachtens nur, ob dem Verbraucher in diesem Sinne die Freiheit der Entscheidung bleibt. Diese Entscheidung findet, entgegen der verkürzten Darstellung des Bildes des rationalen Verbrauchers, unter Berücksichtigung eben aller Elemente statt, der dem kritischen Urteilsvermögen unterworfenen, bewußten und kognitiv erarbeiteten Wissenselemente ebenso wie unter Einwirkung der unbewußten und affektiven Wissenselemente im Kopfe der Nachfrager. Wie kann der Mensch zu sich selbst finden (dem Grundgebot des sittlichen Handelns), wenn er auf eine Maschine reduziert wird, die nur kritisches Urteilsvermögen produziert? Heute lächeln wir über die Idee der Newton'schen Weltmaschine, aber mit dem Manipulationsvorwurf entwickeln wir implizit genau nach diesem Modell das Bild der informationsverarbeitenden Menschenmaschine. Der Mensch ist aber mehr als eine Newton'sche Mechanik. Gott sei Dank, stellen Sie sich vor, wir könnten unsere Kinder und andere Lieben, z. B. die Ehe- oder Lebensabschnittspartner, nur und einfach quasi maschinell beeinflussen! Der Manipulationsvorwurf kann sich also nicht auf die Beeinflussungstechnik beziehen, höchstens auf die Gesinnung des Tuns und das Beeinflussungsziel. Mit letzterem sind wir bei dem Problem der "falschen Bedürfnisse", beim Konsummaterialismus.

2.3.4. Konsummaterialismus

Konsumkritik hat schon immer eine nützliche Funktion erfüllt. In den alten Zeiten galt zu hoher Konsum als Ablenkung von religiösen Werten mit all den bösen Folgen für die Erhaltung religiös bestimmter Machtstrukturen. In der bürgerlichen Gesellschaft galt zu hoher Konsum als Verstoß gegen standesgemäße Normen mit ebenfalls allen bösen Folgen für die Erhaltung der Macht der ständischen oder bürgerlichen Gesellschaftsstrukturen. Wenn heute davon gesprochen wird, daß Marketing moralisch minderwertige Antriebe des Kaufverhaltens fördere, so meint man im wesentlichen damit hedonistisches Genußstreben und egoistisches Raffen von Individualgütern zu Lasten dringend benötigter Kollektivgüter, ferner geistige Verarmung, weil der Besitz von Gütern zu einem kulturellen Wert hochstilisiert wird, und schließlich zu einer falschen Methodik des Strebens nach sozialer Anerkennung, wenn dies über Prestige- und Exklusivkonsum versucht wird (siehe auch Angehrn 1981).

Sicherlich ist das alleinige Streben nach Lust nicht die ultimo ratio menschlichen Verhaltens, sonst müßte man jedem Verbraucher nur die Krätze wünschen, wo er dann durch einfaches Kratzen eine Art perpetuum mobile der Lustbeschaffung betreiben kann. Aber es gehört andererseits schon einige moralische Arroganz dazu, das Streben vieler Nachfrager nach einem quantitativ und qualitativ höheren Versorgungsgrad als Konsumhedonismus in die moralische Ecke zu stellen. Es ist jedem freigestellt, nach dem Modell von Diogenes zu verfahren, aber selbst dieser hatte bereits ein Faß, in dem er sich zur Ruhe betten konnte (Molitor 1989, S. 36 ff.). Vor allem sollten Konsumbeschränkung nicht jene fordern, deren moralische Saturiertheit einhergeht mit materiellem "Ausgesorgthaben". Moral-Bonzen, die ihr Besser-Sein heraushängen lassen wie Geld-Bonzen ihren Reichtum sind mir wahrlich keine ethisch glaubwürdige Instanz.

Der Vorwurf, Marketing sorge ferner dafür, daß Produkte zu stark nach der Dimension des Zusatznutzens in Form von Geltungsnutzen gekauft werden, deren Grundnutzen sogar irrelevant oder peripher ist, verkennt die Notwendigkeiten einer sozial dichten Gesellschaft. Das von diesem Neopuritanismus geforderte Zurück zu reinen Gattungsprodukten mit lediglich technisch-materiellen Eigenschaften ist angebracht in einer Welt, in der sich der Mensch um seine physische Existenz kümmern muß. In Zeiten, in denen die existenzielle Bedrohung eher eine soziale denn eine physische Bedrohung ist, muß das

Instrumentarium zum sozialen Überleben ausdifferenziert und reichhaltiger zur Verfügung gestellt werden. Wenn die notwendige soziale Orientierung auch durch mittels Leistung erworbener Kaufkraft erfolgt, weil dieses Vorgehen gegenwärtig wahrscheinlich effizient und effektiv ist, so kann ich darin nichts moralisch Minderwertiges erkennen, höchstens feststellen, daß andere Instrumente der sozialen Orientierung außer Kraft sind oder versagt haben. Und wenn man diese früheren Orientierungsmechanismen näher anschaut, muß man fast meinen, Gott sei Dank!

Eine andere Argumentationsschiene ist die des durch Marketing hervorgerufenen übermäßigen Konsums. Danach sinkt der Grenznutzen zunehmender Güterverfügung für die individuelle und soziale Entfaltung des Menschen, und die Grenzkosten der Beschaffung der Güter steigen in bezug auf Streß, Gesellschafts- und Umweltschäden. Dabei ist klar, daß kollektive Güter notwendig sind und es Aufgabe des Staates ist, für kollektive Güter zu sorgen. Die Frage ist, ob Individualgüterreichtum die Bereitstellung von Kollektivgütern behindert. Soweit ich das sehen kann, ist genau das Gegenteil der Fall. Soweit die Kollektivgüter finanziert werden aus den Steuern jener Wirtschaftsprozesse, mit denen Individualgüter zur Verfügung gestellt werden (und wer könnte sich eine andere Form überhaupt vorstellen?), ist der Vorwurf einer Behinderung der Wohlfahrt mit Kollektivgütern abwegig.

Im letzten Abschnitt möchte ich nun an zwei Beispielen auf das Problem vermarktete Ethik eingehen.

3. Vermarktete Ethik

3.1. Ökologisches Marketing

Unter der Überschrift "Öko-Marketing: Natur als Umsatzquelle" stand in einer Verkäuferfachzeitschrift kürzlich folgendes: "In Deutschland rangieren Umweltschäden auf Platz eins der Problemliste, die die Bürger gerne gelöst hätten. Ob Treibhauseffekt, Ozonloch oder Müllberg, die Liste der 'Negativszenarien' ist lang und weckt beim Bürger Angst und Schrecken. Kein Wunder, daß pfiffige Marketingleute das auszunützen wissen und mit dem Argument 'Wir tun etwas für unsere Umwelt' mehr verkaufen".

Die hier sichtbare Denkhaltung läßt sich treffend zusammenfassen mit dem Satz: "Das Verkaufsargument Ökologie blüht." Ist dies das gesamte ökologische Marketing? Was bedeutet überhaupt Ökologie für die Unternehmensführung? Wenn man sich nach einer aktuellen Umfrage richtet, so steht mit ca. 90 % der materialwirtschaftliche Aspekt (Beschaffung und Recycling) an erster Stelle der unter Ökologie-Gesichtspunkten problematischen Funktionalbereiche im Unternehmen, dicht gefolgt von der Produktion mit 80 %. In dieser Untersuchung rangiert Marketing erst auf Platz acht mit gut 50 %.

Doch wir sollten uns von diesen Zahlen nicht täuschen lassen. Dahinter steckt nichts weiter als ein verkürztes Marketing-Verständnis, wonach unter Marketing vor allem Aspekte der Verpackung und der Werbung zu subsumieren sind. Wir kennen jedoch den umfassenden Anspruch des Marketing, der die Produktgestaltung mit einschließt. So gesehen sind die vordringlichen Probleme der Entsorgung bzw. des Recycling sowie die Probleme der umweltgerechten Produktion, soweit sie Produkteigenschaften betreffen, ebenfalls im Zielkranz des Marketing-Managements.

Im Prinzip gibt es vier Marketing-Umweltstrategien.

Nach der ersten Strategie werden ökologische Verbesserungen dann durchgeführt, wenn daraus Kosteneinsparungen resultieren. So haben in einer Befragung bereits 80 % der Unternehmen angegeben, Kostensenkungen durch Materialeinsparungen realisiert zu haben. Eine besondere ökologische Gesinnung ist hier nicht zu erkennen. Der Wert der Sachgerechtigkeit, d. h. der kostengünstigen Produktion, trägt diese Strategie völlig allein. Der Wert der Umweltorientierung hat hier eigentlich nur eine heuristische Funktion auf der Suche nach Kosteneinsparungsmöglichkeiten. Er ist nicht Richtschnur des Handelns. Werden derartige Maßnahmen in der PR oder der Werbung als Umweltorientierung dargestellt, so kann man durchaus von vermarkteter Ethik sprechen. Der Imagegewinn wird quasi als "wind fall profit" von Kostensenkungsmaßnahmen "mitgenommen", die Wahrhaftigkeit bleibt auf der Strecke.

Nach der zweiten Strategie werden ökologische Verbesserungen durchgeführt, wenn staatliche Vorschriften es erzwingen. Diese defensive Anpassung an Normen der Wirtschaftsordnung spiegelt zwar keine besondere ethische Gesinnung in bezug auf Umweltschonung, jedoch aber zumindest die Bereitschaft wider, den grundlegenden Wert der Einhaltung gesetzter Ordnung zu respektieren. Da die staatlichen Rahmenbedingungen transparenter und allgemeiner bekannt sind als betriebsinterne Kostenfunktionen, dürfte in diesem Fall ein Segeln unter falscher Flagge im Sinne einer vermarkteten Ethik kaum oder zumindest nicht lange durchführbar sein.

Bei der dritten Strategie werden ökologische Verbesserungen durchgeführt, wenn damit die Marktleistung eine neue Nutzenkomponente erhält, für die es eine Marktnische gibt (Kaas 1992). Das Stichwort ist hier der sogenannte grüne Verbraucher. Produkte mit einem derartigen ökologischen Nutzen sind selbst dann absetzbar, wenn sie höhere Preise erfordern. Der Grund liegt darin, daß die Nachfrager einen höheren Nutzen bekommen. So ist der Kauf von Lebensmitteln aus ökologischem Anbau, die gesünder und schmackhafter sind, aber auch teuerer, als sogenannte Bio-Lebensmittel heute gang und gäbe. Bei solchen Individualgütern kann jeder einzelne Nachfrager den ökologischen Nutzen direkt internalisieren. Schwieriger ist dies bei Produkten, die umweltschonend und teuerer sind, deren Nutzen jedoch als externer Nutzen nur das Kollektivgut Umwelt insgesamt betrifft, wie das im Fall umweltgerechter Müllentsorgung oder Müllvermeidung für Verpakkungsmaterial der Fall ist. Wer hier mitmacht, handelt scheinbar irrational, weil er nicht nur nichts davon hat, sondern es sogar ermöglicht, daß andere Nachfrager als Trittbrettfahrer umsonst das Kollektivgut konsumieren. Wie Kaas jedoch zeigt (1992, S. 475 ff.), können Verbraucher auch hier einen Nutzen internalisieren. Dieser Nutzen bewegt sich nach der Marketingterminologie im Bereich des Zusatznutzens. Jene Verbraucher, die Müllkippen mit vermeiden helfen, können, nutzentheoretisch gesehen, Sozialprestige als umweltorientierte Käufer erlangen. Wir sehen hier im übrigen die Ambivalenz des Arguments, es wäre verwerflich, Nachfrager zu Kaufentscheidungen zu bringen, die von Prestigegier geprägt sind. Allerdings ist auch klar, daß in einem solchen Fall der zu akzeptierende Preisaufschlag unter Umständen geringer ausfällt als im Falle eines direkten Nutzens der Biolebensmittel. In beiden Fällen ergibt sich jedoch für das Marketing keine besondere ethische Dimension. Es ist ganz normales Marketing, das höchstens marketingtechnisch einige neue Herausforderungen bereithält. Letztendlich kommt hier die Werthaltung des souveränen Konsumenten zum Tragen. Es werden dem Markt Produkte angeboten, und im Rahmen einer Selbstselektion können die Konsumenten ihre Präferenz-Souveränität auch unter ethischen Gesichtspunkten selbst unter Beweis stellen.

Nach der vierten Strategie wird der Umweltschutzgedanke in die Unternehmensziele derart integriert, daß der entsprechende Wert der Umweltschonung auch gegen erhöhte Kosten, gegen erhöhte Marktrisiken oder gegen verpaßte Marktchancen durchgesetzt wird. Dies ist beispielsweise der Fall, wenn ein Versandhausunternehmen Pelzmäntel, Erzeugnisse aus Tropenhölzern oder FCKW-haltige Spraydosen aus seinem Sortiment nimmt. Dies ist die einzige Strategie, in der man eine ethische Haltung in der Weise feststellen kann, daß der Wert der Umweltschonung in der Wertehierarchie über den Gewinnwert plaziert ist. Erweitert man die kurzfristige Betrachtung jedoch durch eine langfristige Betrachtung und berücksichtigt, daß das entsprechende Unternehmen beispielsweise mit einem Umweltpreis ausgezeichnet wird, so könnte man die langfristige Imagewirkung mit in die Betrachtung einbeziehen. Die Frage, welche Werthaltung dann letztendlich diese Verhaltensweise des Marketing-Managements dominiert hat, wird dadurch praktisch unbeantwortbar.

Ökologisches Marketing trägt also über weite Bereiche Züge einer Ethik-Vermarktung. Von den Folgen her gesehen sind diese Verhaltensweisen jedoch positiv zu beurteilen. Aber bekanntlich wird die gute Tat erst dann zum Seelenwärmer, wenn wir sie mit der rechten Gesinnung im Herzen tun.

3.2. Moralisierende Werbung: Der Benetton-Fall

Ein geradezu exemplarischer Fall für eine Analyse des Umgangs mit Moral im Marketing ist die von der Benetton-Werbekampagne ausgelöste Diskussion darüber in Publikums- und Werbefachzeitschriften (siehe o. V. 1992). Wie vielleicht den meisten bekannt, hat Benetton mit einer Anzeigenkampagne große Aufmerksamkeit erregt. Dabei wurde z. B. im sogenannten Todesreigen ein afrikanischer Guerilla-Kämpfer mit einer Kalaschnikow und einem Menschenknochen gezeigt oder eine trauernde Verwandte, die sich in der Blutlache eines italienischen Mafia-Opfers spiegelt oder der Todeskampf eines Aids-Kranken. Die Empörung und Diskussion über diese Werbekampagne schwappte bis in politische Nachrichtenmagazine. Wir wollen einmal die Diskussion etwas nachvollziehen. Beginnen wir mit dem Verantwortlichen dieser Kampagne, einem gewissen Oliviero Toscani. Welche Moralvorstellungen prägen ihn, zumindest soweit sie in seinen Interviewäußerungen sichtbar werden?

Wenn er sagt, daß die erste Aufgabe von Benetton ist, Pullover zu verkaufen, und daß sein Traum als Werber darin besteht, einmal für klassische Produkt-Werbung kein Geld mehr ausgeben zu müssen, so muß man ihm zumindest den Wert der Sachgerechtigkeit zugestehen. Die Erhöhung der Markenbekanntheit als Werbeziel ist ihm sicher mit relativ geringen Mitteln gelungen. Für ihn ist seine Arbeit ein Rütteln an Tabus der gegenwärtigen Gesellschaft, die ihre gesellschaftliche Funktion heute verloren haben und die nur noch für Machtausübung heuchlerisch mißbraucht würden. Er nimmt also für sich den Wert der Aufklärung in Anspruch, um das zu bekämpfen, was seit Machiavelli für ihn Gesellschaften kennzeichnet: Moral ist gut für die Untertanen, die herrschenden Moralsetzer kommen wunderbar ohne Moral aus. Nach eigenem Bekunden gibt es für ihn nur wenige persönliche Werte, wie z. B. die Verachtung von Geschmacklosigkeit, Vulgarität und Lüge. Als Berufsethos sieht er für sich noch die Verpflichtung zur Wahrhaftigkeit. Bei seiner Arbeit läßt er sich nicht beeindrucken von der Maßregelungen der Selbstkontrollorgane der Werbewirtschaft (Werberat) und der Selbstverpflichtung vieler Werber zur Einhaltung gängiger, gesellschaftlicher Normen. Damit zeigt er, daß er die für die Funktion der Institution Marktwirtschaft notwendigen Werte wie Akzeptanz von Ordnung und Selbstverpflichtung nicht respektieren möchte. Damit ergibt sich für ihn eine Wertehierarchie, bei der Sachgerechtigkeit, Aufklärung, Ästhetik und Wahrhaftigkeit sehr weit oben stehen. Das sieht ja zunächst hoch moralisch aus. Oder ist es doch eine Vermarktung von Ethik?

Nun, was sagen Kollegen von Toscani zu dieser Kampagne? Hier findet sich ein ganzes Spektrum von expliziten und impliziten Moralvorstellungen. Zunächst wird hervorgehoben, daß Benettons Werbestrategie schon immer darin bestand, gegen Vorurteile und Tabus anzugehen. Bestätigt wird damit der Wert der Aufklärung. Ferner wird immer wieder Bezug genommen auf den sogenannten Werterelativismus, wonach einzelne Gruppen in einer Gesellschaft unterschiedliche Wertehierarchien besitzen. Von daher sei die Frage, was moralisch und unmoralisch ist, auch unterschiedlich zu beantworten. Zumindest wird einem der Trost gespendet, daß es der Markt schon richten wird, wenn die Werbung nicht die Moral der Umworbenen berücksichtigt, sie wird dann zum Bumerang-Effekt. Hier erkennt man wieder das moralische Argument der Sachgerechtigkeit. Schließlich findet sich noch eine Bezugnahme auf die Unterscheidung zwischen Gesinnungs- und Wirkungsethik. Die Auseinandersetzung mit dem Thema Aids oder Krieg kann so schlecht nicht sein, auch wenn die Gesinnung hinter den impulsgebenden Kommunikationsmaßnahmen von Benetton zu verdammen wäre.

Am meisten bewegt jedoch die Branche die Frage, ob Werbung denselben ethischen Anspruch erheben darf wie der Journalismus. Man verweist darauf, daß gleiche Bilder von Journalisten gemacht und als Nachrichten gebracht nicht nur viele Tausend DM wert sind, sondern sogar internationale Preise bekommen. Man ist in der Werbebranche empört über die moralische Kritik der Benetton-Werbung in den Nachrichtenmedien und wendet sich gegen den höheren ethischen Anspruch des Journalismus, der sich daraus ergäbe, daß es dort nicht um den Verkauf einer Ware geht. Dabei sei doch genau das Gegenteil der Fall. Bekanntlich gibt es für Medien ja den Leser- und den Anzeigenmarkt, und alle journalistischen Maßnahmen sind im wesentlichen auch auf Erfolgsgrößen in diesen Märkten gerichtet. Schließlich wisse jedermann, mit welchen unmoralischen Mitteln in den Medien oft auf Auflagenstärke hin gearbeitet wird.

Selbstverständlich, so meine ich, wird das eigene Tun nicht moralischer durch den Hinweis auf unmoralisches Tun der Kritiker, auch wenn sich deren Glaubwürdigkeit dadurch verringert. Es macht einen einfach nicht besser, wenn man sich mit anderen ins gleiche Lotterbett der Unmoral legt, nur um diese Unmoral aufzuspüren. Oliviero Toscani als verdeckter Fahnder der Unmoral? Der Zweck heiligt eben nicht jedes Mittel, vor allem dann nicht, wenn einem das Lotterbett Vorteile bringt. Nicht jeder Zweck heiligt jedes Mittel und der Zweck der Aufklärung in der gegenwärtigen gesellschaftlich-philosophischen Situation meines Erachtens schon gar nicht, egal ob Werber oder Journalist. Aufklärung ist heute nicht von Verfolgung bedroht und braucht nicht den moralischen Schutz besonderer Mittel. Entscheidend ist, ob Menschen aufgerüttelt werden, das Elend zu bekämpfen, und zwar zum Wohle der Elenden, oder ob die Aktion nur zum Wohle von Benetton geschieht.

Ferner meine ich, daß die Sensationslust und die archaischen Triebe von Menschen nicht beliebig als Instrument der Erheischung von Aufmerksamkeit benutzt werden dürfen. Ein Kollege Toscanis beschreibt das mit böser Ironie, indem er die Kurzstories von zukünftigen Werbekampagnen zum besten gibt. Ich zitiere (alle Zitate aus o. V. 1992): "Für einen Pet food-Hersteller bringen wir demnächst ganz große Emotionen 'rüber. Tiere in Großstädten, angetrocknet am Asphalt, überfahren vom 38-Tonner." Oder: "Schon gedreht ist der Film für eine große Zigarettenmarke. Story: Ein Fixer injiziert sich Coca Cola und drückt im Rausch die Zigarette (wunderschön fotografiert) im Auge seiner Freundin aus." Oder: "Schreiende Begeisterungsstürme löste bei einem großen Autokonzern unsere Selbstmörderkampagne aus. Wirklich unique, kollabierte das Gremium. Man dreht gerade auf den weißen Klippen von Dover". Oder: "Die Anzeigenstrecke für den Verbund der Stromproduzenten haben wir auch schon im Kasten. Fotografiert von Helmut Newton, die schönsten Modells der Welt und der elektrische Stuhl." Wen würde es nicht schaudern bei dieser satirischen Vision?

War das jetzt unmoralisch von mir? War das in meiner Kommunikation eine Anwendung des Mottos "Der Zweck heiligt die Mittel"? Wollte ich durch das Zitieren dieser schrecklichen verbalen Bilder Sie, meine Zuhörer, zu einer Werthaltung bringen, die mir genehm ist? Habe ich jetzt gehandelt wie Oliviero Toscani? War das Manipulation?

Ich danke Ihnen dafür, daß Sie schon begonnen haben, über diese Fragen nachzudenken.

Literatur

Angehrn, O.: Marketing und Ethik, in: Jahrbuch der Absatz- und Verbrauchsforschung, Heft 1, 1981, S. 3-25

Göbel, E.: Wirtschaftsethik. Die verschiedenen Ansätze und der zwischen ihnen bestehende Zusammenhang, in: WiSt, Heft 6, 1992, S. 285-290

Hansen, U.: Marketing und soziale Verantwortung, in: DBW 48 (1988), 6, S. 711-721

Kaas, K. P.: Marketing für umweltfreundliche Produkte. Ein Ausweg aus den Dilemmata der Umweltpolitik?, in: DBW 52 (1992), 4, S. 473-487

Koslowski, P.: Ethik des Kapitalismus, 3. durchgesehene Auflage, Tübingen 1986

Kroeber-Riel, W.: Konsumentenverhalten, München 1984

Molitor, B.: Wirtschaftsethik, München 1989

o. V.: Benetton im Kreuzfeuer, in: Werbung und Verkaufen, Nr. 12 und Nr. 13, 1992

Raffée, H.; Wiedmann, K.-P.: Wertewandel und Gesellschaftsorientiertes Marketing - Die Bewährungsprobe strategischer Unternehmensführung, in: Raffée, H.; Wiedmann, K.-P. (Hrsg.): Strategisches Marketing, Stuttgart 1989, S. 552-611

Roellecke, G.: Wirtschaft und Moral. Warum Manager nicht über Gewinne reden können, Manuskript eines Referats vom 01. Dezember 1990 an der Universität Mannheim

Silberer, G.: Wertewandel und Marketing, in: WiSt, Heft 3, 1985, S. 119-124

*Jürgen Kösters**

Sinn und Unsinn der Ökologiefonds

Sehr geehrte Damen und Herren,

zunächst möchte ich mich bei der Leitung der Wissenschaftlichen Hochschule für Unternehmensführung für die Einladung zur Begrüßungsveranstaltung des neuen Studienjahrgangs ganz herzlich bedanken. Ich freue mich, zum Thema "Sinn und Unsinn der Ökologiefonds" zu Ihnen sprechen zu dürfen.

Umweltkatastrophen wie das Waldsterben, das Ozonloch, Tschernobyl oder die globalen Klimaveränderungen mit gewaltigen Hurrikans haben die breite Öffentlichkeit in den letzten Jahren für ökologische Zusammenhänge sensibilisiert. Die Diskussionen über Ursachen und Verursacher von Umweltbeeinträchtigungen und darüber, wer für die Kosten der Schadensbegrenzung bzw. -beseitigung aufkommen soll, werden in allen Bereichen und auf allen Ebenen heftig und kontrovers geführt. Auch die Banken sind hiervon nicht ausgenommen und haben auf die veränderten Kundenpräferenzen reagiert. Neben Ökologiefonds seien hier nur beispielhaft Umweltkredite und Umweltsonderprogramme genannt. Unter Ökologiefonds, kurz Ökofonds genannt, sind solche Investmentfonds zu verstehen, die bei der Analyse und Auswahl von Anlagewerten neben her-

* Jürgen Kösters, Mitglied des Vorstandes der BfG Bank AG

kömmlichen Kriterien ökologisch orientierte Grundsätze berücksichtigen.

Ökonomie und Ökologie scheinen - auf den ersten Blick - nur schwer miteinander vereinbar. Ist es nicht Unsinn, diese beiden Begriffe gerade in einem Medium wie dem Investmentfonds vereinen zu wollen?

Und dann auch noch in einem Aktienfonds - auf diesen Fondstyp möchte ich mich hier beschränken -, dessen Anlagen sich am Kapitalmarkt dem Angebot und der Nachfrage stellen müssen. Oder macht die Auflegung von Ökofonds für Investmentgesellschaften nur deshalb Sinn, weil sie das Thema "Ökologie" lediglich als zeitgemäßes Marketing-Zugpferd nutzen wollen?

Ich meine, daß diese skeptische Haltung nicht gerechtfertigt ist. Ökonomie und Ökologie sind kein Widerspruch, sondern eng miteinander verknüpft. Wenn man in der Ökonomie die intakte Umwelt (saubere Luft, unverschmutztes Wasser, unverseuchte Böden) neben den traditionellen Produktionsfaktoren wie Arbeit und Kapital als weiteres knappes Gut begreift, dem Preise zugeordnet werden - und dies ist ja zunehmend der Fall -, dann müssen sogenannte externe Effekte, wie z.B. Umweltschäden, mehr und mehr in das wirtschaftliche Kalkül einbezogen werden. Es ist klar absehbar, daß der Staat in Zukunft in noch stärkerem Maße als bisher durch wirtschaftspolitische Maßnahmen, wie Umweltauflagen und -verordnungen, in den Marktprozeß eingreifen und eine Internalisierung von Umweltkosten herbeiführen wird.

Ökologisch orientierte Investmentfonds sind weder ein Allheilmittel noch eignen sie sich für jeden Anleger bzw. jedes Anlagebedürfnis. Dennoch stellen sie meines Erachtens einen wichtigen Beitrag für ein ökologisch orientiertes

Investment dar. Sie sind unter Umweltgesichtpunkten insoweit eine sinnvolle Anlagemöglichkeit, als dadurch umweltorientierte Unternehmen gefördert und damit letztendlich das Ziel verfolgt wird, Investitionen in den Abbau oder die Verhinderung von Umweltschädigungen zu lenken.

Bevor ich näher auf die Ökologiefonds eingehe, möchte ich kurz Alternativen im Bereich der umweltorientierten Geld- und Kapitalanlage ansprechen. Es gibt z.B. ethisch und ökologisch orientierte Banken. Hierzu zählt die Gemeinschaft für Leihen und Schenken in Bochum, die unter GLS-Gemeinschaftsbank firmiert. Sie wurde 1974 von Antroposophen gegründet und fördert vor allem Waldorfschulen, biologisch dynamische Landwirtschaften und soziale Vereinigungen. Daneben gibt es die 1988 gegründete Ökobank in Frankfurt. Wichtige Grundsätze ihrer Geschäftspolitik sind: das Geld nicht an Unternehmen zu verleihen, die menschen- oder umweltfeindlich produzieren, beziehungsweise keine menschenwürdigen Arbeitsbedingungen garantieren. Projekte sollen bevorzugt gefördert werden, die ökologisch orientiert sind, die soziale Vorhaben unterstützen und die ein Höchstmaß an Selbstverwaltung sowie Autonomie aller Beteiligten anstreben.

Möglichkeiten der ökologisch orientierten Geldanlage werden hier jedoch überwiegend in zweckbestimmten Sparformen oder in projektbezogenen Darlehen angeboten. Die Unternehmensbeteiligung als spezielle Vermögensanlageform gibt es selten, und sie ist für den einzelnen Anleger mit seinen begrenzten Informationsmöglichkeiten auch nur schwer realisierbar. Diese Nachfragelücke versuchen die Ökologiefonds zu schließen. Der Resonanz nach zu urteilen, die diese Fonds in der Öffentlichkeit und bei Kunden finden, gelingt dies in zunehmendem Maße.

Nach diesen einleitenden Worten möchte ich zunächst einen Blick auf die historischen Wurzeln dieser Anlageform werfen. Der Ursprung der heutigen Ökofonds liegt in den USA. Grundlage bildete das Prinzip des sozialverantwortlichen Handelns, d.h. eines eher ethisch orientierten Investments. Die ersten Ansätze entstanden in den 20er Jahren, als Quäker- und Methodistenkirchen begannen, bei der Anlage ihrer Gelder auch auf ethisch orientierte Kriterien zu achten. Fonds mit umfangreichen, ethisch orientierten Wertpapier-Auswahlkriterien waren z.B. der 1970 gegründete "Pax-World-Fund", der Investments im Rüstungs- und Waffenbereich ausschließt, und der 1972 gegründete "Dreyfus Third Century Fund". Anfang der 80er Jahre erlebten die Ethikfonds, vor dem Hintergrund des zunehmend sozial- und umweltorientierten Bewußtseins in den westlichen Industrieländern, einen spürbaren Aufschwung. Im deutschsprachigen Raum wurden ethisch orientierte Fonds erst Ende der 80er Jahre angeboten.

Bei den ethisch orientierten Investmentfonds kommen sehr unterschiedliche Anlagegrundsätze zur Anwendung. Diese werden quasi wie ein Filter über alle Anlagemöglichkeiten gelegt und es werden nur diejenigen Investments ausgewählt, die alle Kriterien erfüllen. Während man ursprünglich nur negative, d.h. ausschließende Kriterien für die Auswahl von Anlagen ethisch orientierter Investmentfonds heranzog, haben sich inzwischen eine Reihe von positiven, d.h. qualifizierenden Anlagekriterien durchgesetzt.

Bei ökologisch orientierten Fonds müssen die einbezogenen Unternehmen neben den traditionellen Anlagekriterien auch umweltbezogene Voraussetzungen erfüllen. Negativ- bzw. Ausschlußkriterien für einen derartigen Ökofonds sind z.B. die Herstellung von oder der Handel mit umweltschädigenden Technologien bzw. Produkten sowie deren Finanzierung. Auch Aktiengesellschaften, die gegen Umweltauflagen verstoßen oder dem Bereich der Atomstromerzeugung zuzuordnen sind, kommen für ökologische Investments in der Regel nicht in Frage.

Qualifizierende Anforderungen für die Auswahl von geeigneten Unternehmen sind z.B. umweltverträgliche, umweltfreundliche, ressourcensparende Produktionsprozesse und Technologien oder die Herstellung von Produkten, die zur Verringerung der Umweltschäden beitragen, und Verfahren zur alternativen Energiegewinnung.

Daneben finden bei den meisten ökologisch orientierten Fonds zusätzlich ethische Merkmale Berücksichtigung, wie eine hohe Sozialverantwortung des Unternehmens, keine Produktion und Vertieb von Rüstungsgütern oder Suchtmitteln (Tabak, Alkohol, Glücksspiel).

Die kontroverse Debatte über das Pro und Contra beziehungsweise den Sinn und Unsinn von Ökologiefonds reduziert sich sehr schnell auf das eigentliche Problem, nämlich die Bewertung umweltorientierten Handelns. Vor allem aufgrund des fehlenden wissenschaftlichen Fundaments ergeben sich hier zahlreiche Schwierigkeiten.

Für den Fondsmanager entscheidend ist die Einbeziehung ökologischer Effekte in die betriebswirtschaftliche Rechnung. Auch hier gilt, daß die betriebswirtschaftliche Praxis in der Vergangenheit den Produktionsfaktor Umwelt als freies Gut betrachtete, welcher kostenlos und damit unbegrenzt vorhanden sei. Entsprechend fanden Umweltkosten in der unternehmensbezogenen Kostenrechnung keinerlei

Berücksichtigung. Erst in den letzten 20 Jahren haben gesetzliche Maßnahmen dafür gesorgt, daß die Umweltbeeinträchtigungen sich auch in der Kostenrechnung niederschlagen.

Nach wie vor sind aber folgende, hier beispielhaft aufgeworfene Fragen abschließend nur schwer zu beantworten, nämlich:

Welche ökologischen Auswirkungen hat die Produk-tion?

und

Zu welchen ökologischen Folgen führen die Produkte in den Absatzmärkten bzw. beim Endverbraucher?

Die fehlende theoretische, d.h. objektive Grundlage muß heute noch durch überwiegend subjektive Bewertungsansätze ersetzt werden. Unterstützung bieten hier die vor ein paar Jahren entstandenen Institute, z.B. das "Forschungsinstitut für ethisch-ökologische Geldanlagen" (FIFEGA) in Wien, das "Eco-Rating-Institut" (ERI) in Zürich, der "Ethical Investment Research Service" (EIRIS) in London oder das "Investor Responsibility Research Center" (IRRC) in Washington, die versuchen, über einen Balanceakt zwischen Theorie und Praxis Ökoratings aufzustellen, um dem Investor die Beurteilung bzw. Auswahl von Aktiengesellschaften unter ökologischen Aspekten zu erleichtern.

Mit welchen Bewertungs- und Entscheidungsproblemen ein Fondsmanager konfrontiert ist, möchte ich Ihnen an einigen praktischen Beispielen verdeutlichen.

Ist ein Katalysator für Kraftfahrzeuge unter rein ökologischen Aspekten positiv oder negativ zu beurteilen?

Der Katalysator vermindert kurzfristig gesehen zwar den Schadstoffausstoß, langfristig gesehen trägt er aber nicht dazu bei, den Verbrennungsmotor durch umweltfreundliche

Antriebssysteme zu ersetzen. Er bewirkt sogar eher das Gegenteil, da die Investitionen, welche in die Katalysator-Produktion fließen, für die Entwicklung von Alternativen fehlen. Ferner trägt der Katalysator nicht zur Verringerung des Individualverkehrs bei, der in seiner heutigen Form als einer der Hauptverursacher der Zerstörung der Ozonschicht angesehen wird.

Ein anderes Entscheidungsdilemma stellt sich hinsichtlich solcher Unternehmen, deren primäre Tätigkeit darin besteht, die Umweltschäden bei ökologischen Unfällen und Katastrophen zu mildern. Problematisch sind auch folgende Fragen: Welchen ökologischen Beitrag leistet ein Unternehmen, dessen Geschäftszweck darin besteht, Abfall einzusammeln, zu vergraben oder zu verbrennen? Sind Unternehmen, die aus den Umweltschäden ihren geschäftlichen Nutzen ziehen, positiv einzustufen?

Weitere Schwierigkeiten ergeben sich bei der Aktienauswahl. Soll ein Unternehmen, welches neben umweltorientierten Aktivitäten auch andere Geschäftsfelder aufweist, in den Fonds aufgenommen werden? So stellt zum Beispiel die ABB-Tochter Fläkt Filtersysteme her - ein hundert-prozentiger Umweltwert. Wer ABB-Aktien kauft, investiert allerdings zugleich in den Bereich Kernkraftwerksbau. Es muß entschieden werden, wie bei einer derartigen Konzernsituation generell vorzugehen ist. Eine Reihe von Fragen sind zu beantworten, z.B. ob nur die Tochter oder der ganze Konzern aufgenommen wird und, falls letzteres zutrifft, ob dann zumindest ein bestimmter Umsatzanteil im Umweltbereich erreicht werden muß.

Die angesprochenen Problemkreise verdeutlichen, wie schwierig die Einschätzung von Aktien werden kann, wenn man eine Bewertung nicht nur nach rein ökonomischen, sondern auch nach ethischen und ökologischen Kriterien vornimmt.

Eine große Hilfe im Sinne einer Verbesserung der Bewertungsgrundlage wären zweifellos von Unternehmen veröffentlichte Öko-Bilanzen. Die aktuelle Diskussion in diesem Bereich läßt hoffen, daß sich hier in Zukunft einiges tun wird.

Neben den fehlenden objektiven Bewertungsmaßstäben wird von Kritikern an der Durchführbarkeit von Ökofonds auch deshalb gezweifelt, weil an den internationalen Börsen zu wenig Gesellschaften notiert sind, welche die notwendigen Anlagekriterien erfüllen. Hinzu kommt eine sehr uneinheitliche regionale Verteilung. Etwa die Hälfte der potentiellen Aktienwerte entfällt auf die USA. Es folgen Großbritannien, Deutschland, Österreich und Frankreich; die übrigen Länder sind von untergeordneter Bedeutung.

Ein ökologisch orientierter Aktienfonds stellt hohe Anforderungen an das Fondsmanagement. Zum einen ist ein am Marktindex orientiertes Management, wie es bei den meisten herkömmlichen Fonds praktiziert wird, bei Ökofonds gegenwärtig nicht möglich, da keine nationalen, ökologischen Aktienindices existieren. Zum anderen beschränkt die Marktenge bei vielen umweltorientierten Aktien den Fondsmanager auf ein fundamental ausgerichtetes, unternehmensbezogenes Anlagekonzept (Bottom-up-Strategie), wodurch seine Handlungsmöglichkeiten deutlich begrenzt werden.

Die Ökologiefonds bergen wie jede andere Kapitalanlage Chancen und Risiken in sich. Gerade Aktienfonds sind aufgrund der Volatilität dieser Märkte durch hohe Ertragschancen bei zugleich hohem Risiko charakterisiert. Dennoch bestehen langfristig gesehen gute Chancen für eine positive Wertentwicklung.

Nicht zuletzt der in den letzten Jahren zu beobachtende Trend in der staatlichen Gesetzgebung, Umweltauflagen und -anforderungen an die Industrie kontinuierlich zu verschärfen, wird fast zwangsläufig zu einem stetig wachsenden Investitionsbedarf für umweltverträgliche Technologien führen. Die weltweiten Aufwendungen für Umweltmaßnahmen dürften nach Schätzungen bis zum Jahre 2000 auf rund 660 Mrd. DM steigen und damit um rund 60 Prozent über dem Niveau von 1989 liegen. Die höchsten Wachstumsraten werden hierbei die westeuropäischen Länder aufweisen. Schon jetzt steht fest, daß umweltverträgliche Produktionsprozesse und Produkte Märkte mit Zukunft sind, die hohe Wachstumspotentiale beinhalten.

Ökologiefonds weisen zudem aufgrund ihrer spezifischen Ausrichtung auch risikomindernde Faktoren auf. Beispielsweise sorgen die in den Anlagegrundsätzen verankerten Kriterien dafür, daß nur solche Unternehmen im Fonds enthalten sind, deren Haftungsrisiko bezüglich der Verursachung von Umweltschäden sehr gering ist.

Ein Wort zu den gesetzlichen Rahmenbedingungen in Deutschland: diese sind in dem 1990 novellierten Kapitalanlagengesetz festgelegt, über dessen Einhaltung das Bundesaufsichtsamt für das Kreditwesen wacht. Nach dem Gesetz müssen das besondere Anlageziel sowie die Anlagegrundsätze eines Investmentfonds eindeutig und nachprüfbar formuliert sein. Genau das ist der Knackpunkt für die Konzipierung ethisch-ökologischer Fonds in Deutschland. Ethische bzw. ökologische Kriterien lassen sich nach Meinung des Aufsichtsamtes in Berlin nicht eindeutig definieren und sind deshalb nur schwer kontrollierbar.

Aus diesem Grund konnte in Deutschland bisher kein ethisch-ökologisch orientierter Aktienfonds nach deutschem Recht aufgelegt werden. Ende 1990 wurde erstmals ein Aktienfonds genehmigt, der allerdings ausschließlich in Umwelttechnologie-Unternehmen investiert. Die übrigen im Inland vertriebenen Ökofonds sind nach ausländischem Recht aufgelegt, besitzen jedoch für Deutschland eine Vertriebsgenehmigung, für die nicht ganz so strenge Kriterien gelten. Im Zuge des EG-Binnenmarktes 1993 dürfte es, primär im Vertriebsbereich, aber zu einem deutlichen Abbau der administrativen Schranken kommen.

Die meisten deutschen Kapitalanlagesellschaften haben bisher für ihre Ökologiefonds das luxemburgische Recht genutzt, d.h. über ihre Luxemburger Töchter derartige Fonds aufgelegt. Dies trifft auch auf die BfG Bank AG zu. Sie hat über die BfG Luxinvest Management S.A., eine Luxemburger Tochter der Kapitalanlagegesellschaft BfG Invest, im Februar 1992 einen ökologisch orientierten Investmentfonds aufgelegt und zwar den Luxinvest ÖkoLux. Mitinitiatoren dieses ethisch-ökologisch orientierten Fonds waren zwei regionale Kirchenbanken (und zwar die DGM Evangelische Darlehns-Genossenschaft e.G., Münster, sowie die Landeskirchliche Kredit-Genossenschaft Sachsen e.G., Dresden). Es handelt sich um einen internationalen Aktienfonds, der seit Mitte Mai 1992 auch in Deutschland vertrieben wird.

Bei der Auswahl der Wertpapiere des Luxinvest ÖkoLux finden neben den üblichen Anlagezielen, wie Erwirtschaftung einer angemessenen Rendite unter Berücksichtigung wirtschaftlicher, politischer und geographischer Risiken sowie des Währungsrisikos, folgende Kriterien, die in den Anlagegrundsätzen festgelegt sind, Anwendung:

Bevorzugt werden Aktien und festverzinsliche Wertpapiere von Unternehmen, deren Geschäftstätigkeit eindeutig auf die Erbringung von Leistungen im Sozial-, Gesundheits- oder Bildungswesen ausgerichtet ist oder deren Geschäftstätigkeit darin besteht, durch Entwicklung, Herstellung oder Vertrieb von Produkten oder Dienstleistungen im Bereich der Umwelttechnologie Beiträge zum Umweltschutz zu leisten. Hierzu zählen Geschäftsfelder bzw. Produktbereiche wie z.B.

- Technologien zur Einsparung natürlicher Ressourcen oder Entwicklung erneuerbarer Energien
- Reinhaltung von Luft, Boden oder Wasser
- Vermeidung oder Verminderung, Verwertung oder Beseitigung von Schadstoffen und Abfällen
- Wiederaufbereitung oder Recycling.

Zu den präferierten Unternehmen gehören auch solche, deren Geschäftstätigkeit überwiegend darauf ausgerichtet ist, die Inanspruchnahme des schienengebundenen Verkehrs zu fördern.

Die beschriebenen Geschäftsfelder müssen im Geschäftszweck eindeutig schriftlich festgelegt sein, z.B. in der Satzung oder im Emissionsprospekt, und/oder sich überwiegend in den Umsatzerlösen oder Gewinnen niederschlagen.

Unternehmen, deren Geschäftstätigkeit dem Bereich der Rüstungsproduktion zuzuordnen ist oder die ihren Sitz in Spannungs- bzw. Krisengebieten haben, finden beim Luxinvest ÖkoLux keine Berücksichtigung.

Das Fondsvermögen des Luxinvest Ökolux beträgt zur Zeit knapp 20 Millionen DM. Es wies Anfang September 1992 folgende Struktur auf: Knapp 53 Prozent des Fondsvermögens entfallen auf Aktien, wobei das Schwergewicht bei amerikanischen, österreichischen, englischen und deutschen Gesellschaften liegt. Von den zu diesem Zeitpunkt insgesamt einbezogenen 45 AGs möchte ich beispielhaft Dames & Moore, Umweltconsulting, USA, Ionics, Wasseraufbereitung, USA, GEA, Energietechnik, BRD, und Jenbacher Werke, Transport- und Energietechnik, Österreich, nennen.

24,1 Prozent entfallen auf Rentenwerte, wobei auch hier den Anlagegrundsätzen Rechnung getragen wurde. Im Fonds sind gegenwärtig Wertpapiere von Eurofima (Europäische Gesellschaft für die Finanzierung von Eisenbahnmaterial, Buchwert: 1,92 Mio. DM), dem Europarat (Wiedereingliederungsfonds des Europarates für die nationalen Flüchtlinge und die Überbevölkerung in Europa, BW: 1,96 Mio. DM) und Energie Beheer Nederland (BW: 0,91 Mio. DM).

Differenziert nach Branchen oder Produktbereichen ergeben sich für den Aktienbestand folgende Schwerpunkte (in Klammern: Anteile am Aktienvermögen in Prozent): Umweltindustrie allgemein (16,5), Wasseraufbereitung (12,2), Anlagen- und Maschinenbau (10,8), Beratungsunternehmen (9,6), Abfallentsorgung (8,5), Meß- und Filterbau (7,7) und Recycling (6,8).

Ein wichtiges Gremium ist der beratende Anlageausschuß, in dem auch Anleger und Fachleute aus dem Umweltbereich vertreten sind. Gegenwärtig umfaßt dieser 6 Personen, und zwar die beiden kirchlichen Mitinitiatoren, die zugleich wichtige Anleger sind, einen Vertreter des Landeskirchenamtes, den Umweltbeauftragten der Evangelischen Kirche Deutschlands (Herrn Vokkert) und zwei Vertreter der BfG Investment-Fonds Gesellschaft.

Der Luxinvest ÖkoLux ist noch ein sehr junges Produkt. Er befindet sich quasi noch in der Aufbauphase, weshalb eine Beurteilung seiner Performance oder ein Vergleich mit anderen Fonds noch nicht möglich ist. Bisher wurde er auch zurückhaltend vertrieben. Dies wird sich bald ändern. Schon in den nächsten Tagen läuft eine offensive Vertriebskampagne an. Zunächst kommt erst einmal eine Reihe von werblichen Maßnahmen, vor allem Anzeigen in diversen Medien, zum Zuge. Darüber hinaus ist auch ein Workshop vorgesehen, an dem u.a. Journalisten, die kirchlichen Mitinitiatoren, Anleger, Umweltfachleute und Fondsmanager teilnehmen werden. Auch eine stärkere Einbeziehung von Vertriebsgesellschaften wie der Deutsche Vermögensberatung AG (DVAG) wird angestrebt.

Für die BfG Bank AG kann ich sagen: wir bieten keine Mogelpackung an. Hinter unserem Ökofonds, dem Luxinvest ÖkoLux, steht das aufrichtige Bemühen, dem Anspruch und den Erwartungen der Anleger, die mitbestimmen, gerecht zu werden. Konkret bedeutet dies, daß nur solche Unternehmen in den Luxinvest ÖkoLux einbezogen sind, welche die aufgestellten Anlagegrundsätze auch tatsächlich erfüllen. Dies soll auch in der Zukunft so bleiben.

Lassen Sie mich zum Schluß zusammenfassend festhalten: Mit den ökologisch orientierten Aktienfonds existieren nun auch in Deutschland adäquate Anlagemöglichkeiten für Kunden, die bestrebt sind, ihr Geld auch ökologisch orientiert anzulegen. Das langfristig gute Chance/Risiko-Verhältnis wird dafür sorgen, daß die Ökologiefonds ihren Platz auch innerhalb der Vermögensanlage des "normalen" Anlegers finden werden. Ungeachtet der vorhandenen Probleme, die ich Ihnen ansatzweise skizziert habe, war es ein sinnvoller und richtiger Schritt, den die Investmentgesellschaften mit der Gründung von derartigen Fonds gegangen sind. Um aber dem eigenen Anspruch besser gerecht zu werden, bedarf es der Verbesserung der wirtschaftstheoretischen Erkenntnisse hinsichtlich der Bewertungsfrage. Nur auf einer solchen Basis ist dann auch eine Kritik, daß die ökologischen Ansprüche von der praktischen Umsetzung abweichen, überprüfbar und widerlegbar.

Noch ist umweltgerechtes Wirtschaften - gemessen an seiner höchsten Anspruchsgrundlage - eine Utopie. Aber Wirtschaft und Umwelt stehen an einem Wendepunkt. Der Handlungsbedarf ist unübersehbar. Praktikable Lösungen müssen möglichst schnell gefunden, der Verbrauch von begrenzten Ressourcen eingeschränkt, die Entwicklung und der Fortschritt neu definiert werden. Es gilt zu verhindern, daß angesichts der zunehmenden Komplexität und Globalität der Probleme die Handlungsbereitschaft der umweltinteressierten Öffentlichkeit in Resignation umschlägt. Ökologiefonds können hierzu ihren, wenngleich begrenzten, Beitrag leisten.

*Marcel Kisseler**

Vermarktete Ethik aus der Sicht des Wettbewerbsrechts

I. Einleitung

Die Diskussion über Ethik in der Wirtschaft reißt in den letzten Jahren nicht ab. Treffend hat dies Professor Engels in der Wirtschaftswoche vom 29. März 1991 in seinem Kommentar "Sinnproduktion" wie folgt umschrieben:

"Die Ethik ist eine Wachstumsindustrie. Derzeit können die Produktionskapazitäten den Bedarf nicht decken. Mit dem Sozialismus als Wirtschaftssystem ist der Sozialismus - zunächst wenigstens - auch als ethische Theorie gestorben. Wenn die Philosophie der Gleichheit nicht - wie behauptet - zu materieller Freiheit, sondern zu Unterdrückung führt, dann ist diese Philosophie gescheitert."

Die Diskussion ist damit natürlich nicht abgeschlossen, sondern es fragt sich, welche Maßstäbe für ethisches Verhalten dienen sollen. Dabei wird gemeinhin immer darauf verwiesen, daß durch den Wertewandel heute völlig andere Maßstäbe anzulegen seien als früher. Manch einer verfolgt dabei das Ziel, durch die Verwendung des Fremdwortes "Ethik" davon abzulenken, daß sein eigenes Verhalten oder die von ihm vertretenen Grundsätze rücksichtslos über die

---

* Dr. Marcel Kisseler, Geschäftsführendes Präsidiumsmitglied der Zentrale zur Bekämpfung unlauteren Wettbewerbs

Wertvorstellungen anderer hinweggehen. In Wirklichkeit besagt das Wort *Ethik* nichts anders als die Zusammenfassung von Sitten und Gebräuchen, die allgemein anerkannt werden, und zwar in der Regel als "gute Sitten". Man kann Ethik auch damit umschreiben, daß sie zwischen "gut" und "böse" unterscheidet. Doch sobald man diese schlichten deutschen Begriffe nimmt, wird klar, daß die Verschleierung schlechter Sitten mit einem Fremdwort wie Ethik nicht mehr gelingen kann. Dann muß man sich vielmehr mit der geltenden Rechtsordnung in der Bundesrepublik Deutschland auseinandersetzen und dabei feststellen, daß hier wesentlich mehr Werte fest verankert sind, als manch einer dies wahrhaben will.

Ausgangspunkt muß auch hier das Grundgesetz der Bundesrepublik Deutschland sein. In seiner Präambel heißt es:

"Im Bewußtsein seiner Verantwortung vor Gott und den Menschen, von dem Willen beseelt, seine nationale und staatliche Einheit zu wahren und als gleichberechtigtes Glied in einem vereinten Europa dem Frieden der Welt zu dienen, hat das deutsche Volk ... um dem staatlichen Leben ... eine neue Ordnung zu geben, kraft seiner verfassungsgebenden Gewalt dieses Grundgesetz der Bundesrepublik Deutschland beschlossen."

Für die Väter der Verfassung war es damals selbstverständlich, sich auf Gott zu berufen. In unserer heutigen säkularisierten Welt, in der viele Religion für überflüssig halten, wird man aber immer noch anerkennen müssen, daß der Mensch nicht das Maß aller Dinge ist und die Wertvorstellungen der großen Religionen nicht einfach über Bord geworfen werden dürfen. Auch wenn man die Bibel nicht wörtlich nimmt, so kann man doch ziemlich genau die Verkündung der 10 Gebote durch Moses am Sinai zeitlich fixieren, und zwar um das Jahr 1225 v.Chr.. Diese 10 Gebote werden auch heute, zumindest im gesamten westlichen Kulturkreis, grundsätzlich anerkannt und bilden auch das Rückgrat der abendländisch-christlichen Kultur. Sie sind deshalb nach wie vor geeignet, einen verbindlichen Rahmen für sittliches Verhalten abzugeben, ohne daß man dabei die unterschiedlichen Auslegungen der einzelnen Religionen und theologischen Interpretationen zugrunde legen muß.

Zwangsläufig kann es nicht Aufgabe des Verfassers sein, eine neue Philisophie zur Ethik zu entwickeln. Der Begriff geht auf die verschiedenen philosophischen Schulen im antiken Griechenland zurück und sagt unmittelbar über Wertvorstellungen nichts aus, weil das Spannungsfeld zwischen der Ethik der Stoiker und der Ethik der Epikureer aufgezeigt ist. Für eine rechtliche Betrachtung kommt es deshalb weniger auf die unterschiedlichen ethischen und moralischen Vorstellungen in der Gesamtbevölkerung an als auf eine Betrachtung der Rahmenbedingungen, die der Staat für die Beachtung von Sitten und Gebräuchen aufgestellt hat. Dabei wird sich zeigen, daß der Staat in vielfältiger Weise bis in die heutige Zeit sehr klare Vorstellungen über ethisches Verhalten in der Wirtschaft in seiner Gesetzgebung verwirklicht hat. Viele, die angeblich so verzweifelt nach einer neuen Ethik suchen, möchten sich von diesen Bindungen und Verpflichtungen aber lösen und auf der anderen Seite dann immer noch ein Mäntelchen besonderer Ethik umhängen können.

II. Gute Sitten im Wettbewerb

Die heutige Rechtskultur in der Bundesrepublik Deutschland ist weitgehend geprägt von religiösen und christlichen Wertvorstellungen, aber durchaus im Bewußsein, daß das Recht den berechtigten Belangen der Allgemeinheit, den einzelnen Bürgern und natürlich auch den Unternehmen in der Wirtschaft dienen muß. Das heutige deutsche Recht hat weitgehend seine Grundlagen in der sogenannten Gründerzeit, als namhafte Juristen mit den Entwürfen für die neue Reichsgesetzgebung befaßt wurden. Die Zielsetzung wurde damals von einem der bedeutendsten Juristen des vorigen Jahrhunderts, nämlich Otto von Gierke, so umschrieben, daß das Recht "die stärkste Waffe der Schwachen und Friedfertigen" ist.

Unter dieser Maxime standen auch die Bemühungen, das Werbeverhalten durch ein Gesetz gegen den unlauteren Wettbewerb, das 1896 verabscheidet wurde, zu regeln und alle bis dahin bekannten Mißstände auszuschließen. Die Praxis zeigte dann aber schon bald, daß die starre Fassung der einzelnen Sachverhalte nicht ausreichte, um Mißbräuchen entgegenzuwirken. Deshalb kam es gerade auf Anregung der Unternehmerschaft und ihrer Organisationen, insbesondere auch des Deutschen Industrie- und Handelstages, zur Neufassung dieses Gesetzes im Jahre 1909. Der wesentliche Unterschied zum früheren Gesetz bestand vor allen Dingen darin, daß man in § 1 eine Generalklausel geschaffen hat, die wirksam werden sollte, wenn irgendwelche Mißstände auftraten, ohne daß sie im einzelnen kodifiziert waren.

Die Generalklausel lautet, und zwar seit 1909 unverändert:

"Wer im geschäftlichen Verkehre zu Zwecken des Wettbewerbs Handlungen vornimmt, die gegen die guten Sitten verstossen, kann auf Unterlassung und Schadensersatz in Anspruch genommen werden."

Diese Generalklausel hat sich in über acht Jahrzehnten bewährt, weil durch den unbestimmten Begriff der "guten Sitten" alle Mißstände aufgegriffen werden konnten, die sich in der Werbung entwickelt haben. Die Bedeutung dieser Vorschrift wird, ohne auf die einzelnen Sachverhalte hier einzugehen, schon dadurch deutlich, daß heutzutage etwa in den führenden Kommentaren die Kommentierung zu § 1 UWG jeweils ein Drittel der gesamten Kommentare umfaßt. Die Stärke der Vorschrift beruht darin, daß der Unterlassungsanspruch von einem Verschulden unabhängig ist und es sich heute um einen objektivierten Begriff handelt, der nicht unbedingt mit moralischen Maßstäben gemessen werden muß.

Aufgrund der Generalklausel wurde aber z.B. die heute so stark in die Diskussion gekommene vergleichende Werbung durch die Rechtsprechung geregelt, und zwar keineswegs in dem Sinne, daß sie in der Bundesrepublik Deutschland generell verboten ist, sondern daß hier sachgerechte Lösungen gefunden wurden, die den Vergleich immer dann zulassen, wenn hierfür auch unter Berücksichtigung der vom Vergleich Betroffenen ein Bedürfnis besteht. Ein herausragendes Beispiel der Zulässigkeit der vergleichenden Werbung ist die Tätigkeit der Stiftung Warentest, durch die eine klare Bewertung der einzelnen gepüften Produkte vorgenommen wird und die im Markt eine wesentliche Bedeutung hat.

Wer es wirklich ernst nimmt mit der Auseinandersetzung über die vergleichende Werbung müßte deshalb in erster

Linie eine solche Lösung anerkennen und eine entsprechende Ausdehnung dieser Methode z.B. innerhalb der EG befürworten. Hiervon sind wir heute aber noch weit entfernt. Man will stattdessen mehr Werbemöglichkeiten haben, und zwar kommen die Forderungen in erster Linie von Werbeagenturen und Rechtsanwälten, die beide durch eine uferlose Zulassung der vergleichenden Werbung wirtschaftliche Vorteile erzielen könnten.

Insgesamt ist es deshalb nicht vermessen, zu sagen, daß die guten Sitten im Wettbewerb Maßstäbe setzen, die man wirklich auch als ethische Maßstäbe begreifen kann. Es ist deshalb schon verwunderlich, daß man glaubt, für die Werbung eine neue Ethik entwickeln zu müssen, bloß weil man den Begriff der "guten Sitten" für altmodisch hält, obwohl sprachlich Ethik nichts anderes als die Unterscheidung zwischen gut und böse bei den Sitten bedeutet. Deshalb wurde z.B. auch in dem Gesetz zur vorläufigen Regelung des Rechts der Industrie- und Handelskammern von 1956 festgelegt, daß die Industrie- und Handelskammern u.a. für die "Wahrung von Sitte und Anstand des ehrbaren Kaufmanns zu wirken" haben.

III. Der "hippokratische Marketing-Eid"

In einem Beitrag "Ist Werbung moralisch und ethisch wertneutral?" in der FAZ "Blick durch die Wirtschaft" vom 01.11.1990 führte Harald Körke u.a. aus:

"Das Institut für angewandte Marketing-Wissenschaften, IFAM, in Düsseldorf, hat einen "hippokratischen Marketing-Eid" aus der Taufe gehoben. Angelehnt an jenen, dem sich die Ärzte unterwerfen, verkündet er, was sein darf und was nicht. Der Versuch ist interessant, denn er durchbricht eine alte Werber-Maxime. Werbung ist moralisch und ethisch wertneutral. Werbung ist nur ein Instrument. Nicht das Schwert ist schlecht, allenfalls der, der es einsetzt. Es war eine bequeme Notlösung, ein Kissen, auf dem es sich gut ruhen ließ. Ein Kissen, das nicht das gute Gewissen heraufbeschwor. Es herrschte vielmehr die Meinung vor, daß man zum Werben kein Gewissen braucht."

Hierin wird deutlich, weshalb so häufig zwischen Marketing-Managern und Wirtschaftsjuristen Meinungsstreit entsteht, weil eben bis in die neueste Zeit die Werbestrategen meinen, sie brauchten keine ethischen Grundsätze zu berücksichtigen, obwohl diese nunmehr seit über 100 Jahren in unserer Rechtsordung festgeschrieben sind. Manche Diskussion würde sich deshalb erübrigen, wenn man im Marketing bereit wäre, die gesetzlichen Regelungen so zur Kenntnis zu nehmen, wie sie z.B. im Gesetz gegen den unlauteren Wettbewerb festgelegt sind und wie sie von der Rechtsprechnung ausgelegt werden. Das Wettbewerbsrecht ist nämlich keineswegs ein Buch mit sieben Siegeln, sondern es gewährt eine große Rechtssicherheit. Dies wird schon daraus deutlich, daß die Zentrale zur Bekämpfung unlauteren Wettbewerbs seit Jahrzehnten jährlich über 95% ihrer Rechtsstreitigkeiten vor Gericht gewinnt, und zwar inzwischen bei einer Zahl von jährlich ca. 1000 Rechtsstreitigkeiten. Eine solche Erfolgsquote ist nur möglich, wenn die Rechtslage keineswegs so verworren ist, wie mancher Marketing-Berater sie darstellen will. Es paßt ihm lediglich nicht, daß es Rahmenbedingungen gibt, die auf den Grundsätzen von Sitte und Anstand entwickelt wurden.

Deshalb bedürfte es auch eigentlich eines hippokratischen Marketing-Eides nicht.

IV. Unternehmer zwischen Grenzmoral und Gesetzestreue

Neben einer weit verbreiteten Rechtsblindheit in der Bevölkerung kann man auch generell von einer Werbefeindlichkeit sprechen und einem Unverständnis für die unternehmerische Wirtschaft. Deshalb wird auch nicht selten behauptet, Unternehmen könnten sich nur auf der Basis einer Grenzmoral im Wirtschaftsleben durchsetzen, weil der Wettbewerb sie dazu zwinge, ihre Wettbewerber als "Feinde" zu bekämpfen und notfalls zu vernichten. Dies widerspricht natürlich den tatsächlichen Gegebenheiten im Wirtschaftsleben, weil dabei die Grundlagen des fairen Leistungswettbewerbs verkannt werden. Ähnlich unverständlich ist die allgemein verbreitete Werbefeindlichkeit, weil die Werbung gewissermaßen das "Schmiermittel" der Wirtschaft darstellt. Die Werbung dient dem Verkauf der Produkte, die von Unternehmen und Arbeitnehmern hergestellt werden. Wie weit eine Volkswirtschaft verkommen kann, wenn man Werbung nicht für notwendig hält, zeigen u.a. die Ergebnisse in der ehemaligen DDR.

Die Zentrale zur Bekämpfung unlauteren Wettbewerbs, die im Jahr ca. 16.000 Beschwerdefälle bearbeitet und damit ca. 20 % aller Beschwerden, die bei Organisationen der gewerblichen Wirtschaft eingehen, könnte doch am ehesten den Eindruck haben, daß die Werbung ein besonders schlechtes Bild abgibt.

Das ist jedoch nur dann richtig, wenn man diese 16.000 Fälle zum Maßstab des Werbegeschehens machen würde. Dies ist jedoch bei weitem nicht der Fall. Die Werbung entspricht vielmehr fast ausschließlich den gesetzlichen Vorgaben. Dies ergibt sich schon daraus, daß täglich millionenfach von den zwei Millionen Gewerbetreibenden im Bundesgebiet geworben wird und daß doch nur in verhältnismäßig wenigen Fällen gesetzliche Schranken nicht beachtet werden. Dabei ist es auch keineswegs so, daß eine Vielzahl von Unternehmen ständig darüber nachdenkt, wie sie gesetzliche Vorschriften umgehen können, sondern daß es sehr häufig aus Unkenntnis geschieht, z.B. gerade auch in den neuen Bundesländern, die sich erst mit den neuen Rechtsvorschriften bekannt machen müssen. Insgesamt ergibt sich vielmehr aus der jahrzehntelangen Tätigkeit der Wettbewerbszentrale, daß die Unternehmen ganz überwiegend bemüht sind, das geltende Recht einzuhalten. Es gibt auch durchaus Beispiele, die dies belegen.

Ein besonders instruktives Beispiel ist das am 01. Januar 1987 eingeführte Preisgegenüberstellungsverbot in § 6 e UWG. Die Wettbewerbszentrale hat von Anfang an gesagt, daß sie die neuen Vorschriften mit Nachdruck anwenden werde, zumal die Organisationen der gewerblichen Wirtschaft vor Inkrafttreten der neuen Vorschriften in vielen Aufsätzen und Informationsveranstaltungen auf die neuen Bestimmungen hingewiesen hatten.

Zu diesem Preisgegenüberstellungsverbot gab es in den ersten 18 Monaten 2.400 Beschwerden. In der Regel wurde von den Unternehmen eine strafbewehrte Unterlassungserklärung abgegeben. Daneben kam es zu 120 Rechtsstreitigkeiten, die von der Wettbewerbszentrale bis auf ein Verfahren gewonnen wurden; darunter waren auch Entscheidungen von 9 Oberlandesgerichten, die in gleicher Form wie die Landgerichte die neuen Bestimmungen auslegten, insbesondere auch § 6 e UWG. Durch ein Urteil des Bundesgerichtshofs vom 07. Juli 1988, dem sogenannten "Schilderwald"-Urteil, wurde dann die Bestimmung weitgehend ihrer Wirksamkeit beraubt. Dies ist heute nicht mehr zu beklagen, sondern es geht bei dieser Argumentation lediglich darum, aufzuzeigen, daß Unternehmen sich ganz überwiegend gesetzestreu verhalten, wenn sie entsprechend belehrt werden. Schließlich galt diese Vorschrift doch immerhin für ca. 350.000 Einzelhandelsunternehmen und ca. 250.000 handeltreibende Handwerker. Wenn daraus dann lediglich einige tausend Beschwerden entstehen, und zwar bei einem Sachverhalt, der nun in aller Öffentlichkeit deutlich wurde durch Zeitungswerbung und Schaufensterwerbung, dann zeigt dies, daß eine klare Gesetzesanwendung und eine eindeutige Rechtsprechung die Unternehmen davon überzeugen, daß Gesetzesverstöße wirklich keinen Sinn haben und daß es auch für sie selbst keinen Sinn hat, sich in langwierige Streitigkeiten über solche Rechtsfragen einzulassen.

Gleiches gilt generell für das Werbeverhalten der Unternehmen, natürlich mit einigen Ausnahmen, weil es in jedem Lebensbereich sogenannte schwarze Schafe gibt. Dies kann jedoch kein Grund sein, das Werbeverhalten der Wirtschaft insgesamt zu beanstanden oder ihm mit Mißtrauen gegenüberzutreten. Es wird vielmehr offenbar, daß durch die Unternehmen in der Wirtschaft die ethischen und moralischen Vorgaben, die der Gesetzgeber und die Rechtsprechung aufgestellt haben, auch ganz überwiegend beachtet werden.

Schließlich muß man auch darauf hinweisen, und dies hat Professor Biedenkopf vor einigen Jahren vor dem ZAW-Plenum in Bonn ausführlich dargestellt, daß die Werbung in einer freiheitlichen Gesellschaft zugleich auch die Meinungsfreiheit der Medien garantiert. Ohne die Werbeeinnahmen wären weder Zeitungen noch Fernseh- und Rundfunkprogramme für den Verbraucher so kostengünstig zu gestalten, zumal auch hier das geltende Wettbewerbsrecht durch die strenge Trennung zwischen redaktionellem und Anzeigenteil die Grundlagen für eine unabhängige redaktionelle Arbeit gewährleistet. Zu beklagen ist deshalb nicht etwa, daß die Unternehmen lediglich auf der Basis einer "Grenzmoral" handeln, sondern daß das Verständnis für das wirtschaftliche Geschehen und die Funktion der Werbung in der Öffentlichkeit häufig so unrichtig dargestellt wird und daß die wirtschaftlichen Grundlagen unseres Gemeinwesens kaum Gegenstand einer sachlichen Auseinandersetzung sind.

V. Die Haltung der Kirchen zur Wirtschaftsethik

Für jeden, der sich heute mit Fragen der Ethik befaßt, ist es naheliegend zu klären, ob auch die großen Religionsgemeinschaften ihre Meinung zur Wirtschaftsethik geäußert haben. Dies wurde für den Verfasser anläßlich einer Podiumsdiskussion deutlich, als der Vorsitzende der Deutschen

Nestlé AG und Vorsitzende des Markenverbandes den Standpunkt vertrat, daß für ihn Grundlage der Wirtschaftsethik die katholische Soziallehre sei. Dies mag zunächst überraschend klingen. Wenn man sich dann jedoch mit diesem Thema befaßt, muß man feststellen, daß diese Auffassung unabhängig von der konfessionellen Zugehörigkeit in der Diskussion heute eine beachtliche Rolle spielt. Dementsprechend befaßt sich auch die Arbeitsgemeinschaft selbständiger Unternehmer (ASU) in einer Broschüre von 1990 "Ethik und Marktwirtschaft" mit diesem Bereich.

Historisch betrachtet hat sich die katholische Kirche zuerst mit der Wirtschaftsethik befaßt. Die erste systematische Behandlung der Wirtschaftsethik stammt von dem Dominikaner Javellus. Er schrieb dazu im Jahre 1540. Besonders deutlich wurde diese Auffassung zunächst in der Enzyklika "Rerum novarum" von Papst Leo XIII. zusammengefaßt. Wie weitsichtig diese Enzyklika wirtschaftliche Sachverhalte erkannte, wird u.a. durch folgende Passage deutlich:

"Zur Hebung dieses Übels (der ungerechten Verteilung des Reichtums und des Elends der Proletarier) verbreiten die Sozialisten, indem sie die Besitzlosen gegen die Reichen aufstacheln, die Behauptung, der private Besitz müsse aufhören, um einer Gemeinschaft der Güter Platz zu machen ...; indessen ist dieses Programm weit entfernt, etwas zur Lösung der Frage beizutragen; es schädigt vielmehr die arbeitenden Klassen selbst; es ist ferner sehr ungerecht, indem es die rechtmässigen Besitzer vergewaltigt, es ist endlich der staatlichen Aufgabe zuwider, führt die Staaten in völlige Auflösung."

Die wesentlichen Grundlagen der katholischen Soziallehre wurden mit dieser Enzyklika aus dem Jahre 1891 gelegt.

Papst Johannes Paul II. nahm 1991 die Veröffentlichung von "Rerum novarum" vor 100 Jahren zum Anlaß, eine Enzyklika "Centesimus annos" zu veröffentlichen. Er führte darin u.a. aus:

"Zweifellos gibt es einen berechtigten Raum der Freiheit in der Wirtschaft, in den der Staat nicht eingreifen soll. Aber der Staat hat die Aufgabe, den rechtlichen Rahmen zu erstellen, innerhalb dessen sich das Wirtschafsleben entfalten kann. Damit schafft er die Grundvorausetzung für eine freie Wirtschaft, die in einer gewissen Gleichheit unter den Beteiligten besteht, so daß der eine nicht so übermächtig wird, daß er den anderen praktisch zur Sklaverei verurteilt."

Die darin zum Ausdruck kommende klare Haltung zu Fragen der Wirtschaftsethik macht auch verständlich, weshalb diese Grundlagen so breiten Rückhalt in der Öffentlichkeit und in der Wirtschaft finden.

Im protestantischen Lebenskreis ist dies nicht so ausgeprägt, zumal man sich mit Fragen der Wirtschaftsethik umfassend erst in den zwanziger Jahren dieses Jahrhunderts befaßte. Die erste evangelische Wirtschaftsethik stammt von Georg Wünsch aus dem Jahre 1927.

Die unterschiedliche Wertung in den beiden großen Konfessionen hat nicht zuletzt dazu beigetragen, daß die Auffassungen zwischen katholischen und evangelischen Pfarrern zu Fragen des Wirtschaftslebens nicht unwesentlich abweichen. In der zitierten Broschüre der ASU wird hierzu eine Graphik aus einem Beitrag von Gerhard Schmidtchen "Pfarrer und Wirtschaft", Köln 1988 wiedergegeben, die auch der Einfachheit halber hier nachstehend wiedergegeben wird.

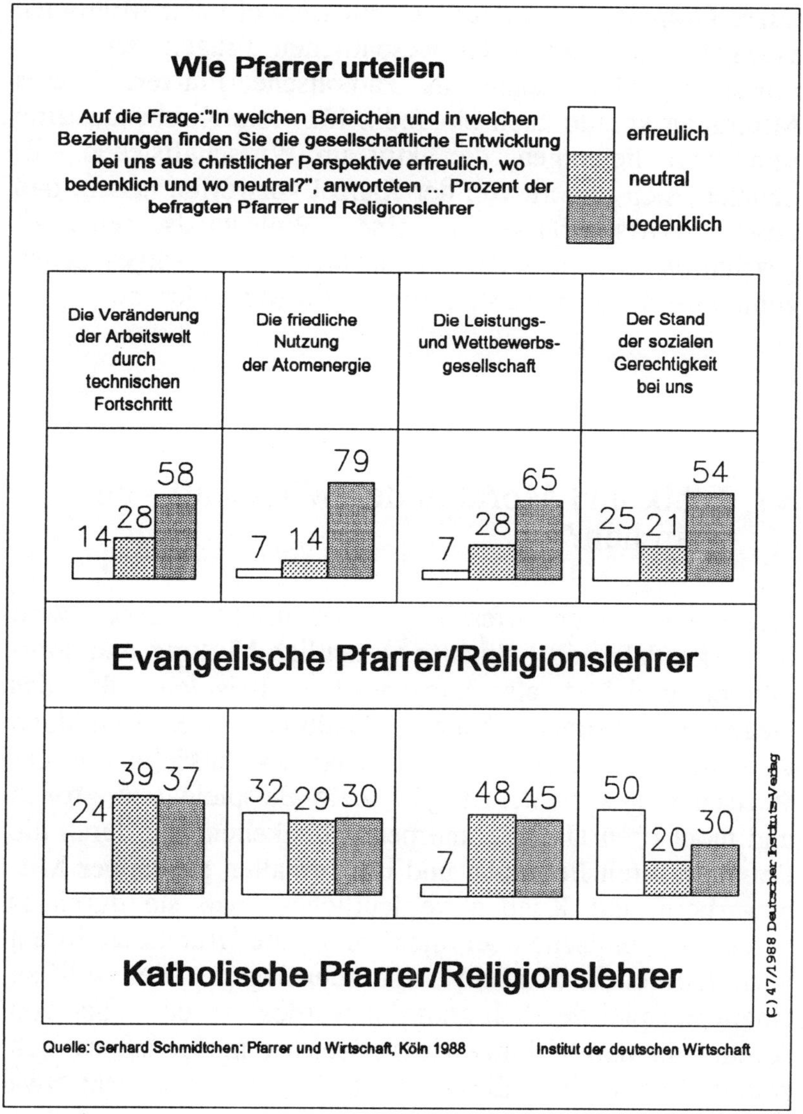
Wie Pfarrer urteilen
Auf die Frage:"In welchen Bereichen und in welchen Beziehungen finden Sie die gesellschaftliche Entwicklung bei uns aus christlicher Perspektive erfreulich, wo bedenklich und wo neutral?", anworteten ... Prozent der befragten Pfarrer und Religionslehrer
erfreulich
neutral
bedenklich
Die Veränderung der Arbeitswelt durch technischen Fortschritt
Die friedliche Nutzung der Atomenergie
Die Leistungs- und Wettbewerbsgesellschaft
Der Stand der sozialen Gerechtigkeit bei uns
14 28 58
7 14 79
7 28 65
25 21 54
Evangelische Pfarrer/Religionslehrer
24 39 37
32 29 30
7 48 45
50 20 30
Katholische Pfarrer/Religionslehrer
(C) 47/1988 Deutscher Instituts-Verlag
Quelle: Gerhard Schmidtchen: Pfarrer und Wirtschaft, Köln 1988
Institut der deutschen Wirtschaft

Diese Graphik macht deutlich, mit wieviel mehr Mißtrauen evangelische Pfarrer den wesentlichen Fragen der Wirtschaft gegenüberstehen als katholische Pfarrer. Dieses Mißtrauen könnte auch ein Indiz für viele Kirchenaustritte sein, weil diejenigen, die aktiv am Wirtschaftsleben teilnehmen, sich ungern von der Kanzel vorwerfen lassen, daß unser Wirtschaftssystem eine Wohlstandsgesellschaft geschaffen hat, die Basis für ein menschenwürdiges Leben zumindest der allermeisten Bürger dieses Landes ist.

VI. Ethik und Moral in der Wirtschaft - ein Märchen?

Wie im gesamten öffentlichen und privaten Leben wird über Skandale und Fehltritte wesentlich häufiger und sorgfältiger berichtet als über positive Beispiele, die das Gegenteil begründen können. Dadurch lassen sich dann viele auch den Blick dafür verstellen, was tatsächlich in der Wirtschaft geschieht. Es gibt viele Beispiele von großen und namhaften Unternehmerpersönlichkeiten, die durch die Praxis in ihren Betrieben und im Verhalten gegenüber Mitbewerbern und Kunden verdeutlichen, daß sie durchaus bereit sind, ethische oder auch christliche Grundsätze ihrem wirtschaftlichen Handeln zugrundezulegen. Dies soll an einem Beispiel deutlich gemacht werden, zu dem aber von Anfang an darauf hingewiesen werden muß, daß es sich keinesfalls um einen Einzelfall handelt und auch nicht etwa um die Folge der heutigen Ethikdiskussion, sondern daß es sich dabei um ein Verhalten handelt, das man mühelos bis in das letzte Jahrhundert und auch in frühere Jahrhunderte zurückverfolgen kann.

Der frühere Präsident der Arbeitsgemeinschaft der Lebensmittelfilialbetriebe und in Franken bekannte Unternehmer eines Lebensmittelfilialunternehmens, Herr Hermann Kupsch, hat für sein Unternehmen unter der Überschrift "Der Mensch im Mittelpunkt" 10 Thesen als Geschäftsgrundlage der Firma Kupsch veröffentlicht. Sie werden, um einen entsprechenden Einblick zu geben, nachstehend wiedergegeben:

"1. *Wahrhaftigkeit* ist die Grundlage des Vertrauens. Wir gehen also offen und aufrichtig miteinander um.
2. *Gegenseitiges Vertrauen* ist die Grundlage fruchtbarer Zusammenarbeit. Wir nehmen den Menschen mit seinen Stärken und Schwächen an. Bei Fehlern helfen wir uns gegenseitig und lernen daraus.
3. *Offenheit* bringt uns schneller zum gemeinsamen Ziel. Wir ermutigen uns, zu sagen, was wir denken, und zu tun, was wir sagen.
4. *Glaubwürdigkeit* ist notwendig, um Menschen von unserem Ziel zu überzeugen. Jeder von uns soll mit seiner ganzen Persönlichkeit glaubwürdig sein.
5. *Ehrliche Freundlichkeit* ist unsere Grundhaltung für den Umgang der Menschen miteinander. Wir wollen die Menschen so behandeln, wie wir selbst behandelt werden möchten.
6. *Unser Erfolg* hängt vom Wohlwollen aller Menschen innerhalb und vieler Menschen außerhalb des Unternehmens ab. Diese Menschen gewinnen wir durch unser Verhalten nach innen und außen.

7. *Unterschiedliche Meinungen* bringen neue Erkenntnisse. Wir fördern das, indem wir die Meinungen der Menschen anhören, ernst nehmen und weitergeben.
8. *Selbstwertgefühl* stärkt den Menschen und das Unternehmen. Das erreichen wir durch Lob und angemessenen Tadel. Wir loben spontan und tadeln zum richtigen Zeitpunkt. Selbst bei Härte in der Sache verletzen wir nicht die gegenseitige Achtung. Tadel stellt nicht den Wert der Person in Frage, sondern bezieht sich auf das Verhalten.
9. *Schöpferische Ideen* sichern die Existenz des Unternehmens in der Zukunft. Wir fördern kreative Ansätze durch unser Verhalten und durch organisatorische Maßnahmen.
10. *Dienstleistungen* sind ein wesentlicher Teil unseres unternehmerischen Handelns. Nur wenn wir dienen, können wir verdienen."

Jeder, der im fränkischen Raum dieses Unternehmen kennt, weiß auch, daß es tatsächlich nach diesen Grundsätzen geführt wird. Dies wird auch deutlich an einem Beispiel zur Auswahl von Filialstandorten für dieses Unternehmen. Hierzu erklärte der Unternehmer Kupsch:

"Wir haben grundsätzlich nur Filialen an Standorten, die eine vorher zu bestimmende Kaufkraft haben, wo neben uns durchaus noch ein zweiter oder ein dritter Mitbewerber seine Existenzberechtigung hat. An kleinere Standorte gehen wir nicht. Aber wir meinen, an größeren Standorten ist ein Leistungswettbewerb durchaus berechtigt und wir meinen, daß wir uns auch an solch einem Standort niederlassen dürfen. Ich habe allerdings auch schon einen Fall gehabt, wo ein wenig bedeutender Standort, den ich zu belegen beabsichtigte, es mit sich brachte, daß ein kleiner

Lebensmittelhändler um die Ecke mich aufsuchte. Er machte mir deutlich, wenn ich hier eröffne, müßte er zumachen. Ich habe die Sache überprüft, mußte ihm recht geben und habe dann auf diesen Standort verzichtet."

VII. Ethik in den neuen Bundesländern?

Wer die wirtschaftliche Entwicklung in den neuen Bundesländern beobachtet, der kann auf der einen Seite feststellen, daß Vorstellungen zum ethischen und lauteren Verhalten bei der ganz überwiegenden Mehrzahl der Bevölkerung und auch der arbeitenden Bevölkerung als ebenso selbstverständlich angesehen wird wie in den alten Bundesländern. Trotzdem reißen die Meldungen nicht ab, die darauf hinweisen, daß die Unkenntnis insbesondere weitester Verbraucherkreise schamlos ausgenutzt wird. Ebenso wird auch die Unkenntnis von Verwaltungsbehörden und sonstigen öffentlichen Einrichtungen ausgenutzt. Deutlich wird dies schon an einigen Beiträgen in der Wirtschaftspresse, z.B. den Beitrag "Westdeutsche 'Anlagenhaie' finden im Osten viele Opfer" in der FAZ vom 20. März 1991 oder der Beitrag "Ostdeutsche werden schamlos ausgenutzt" im Handelsblatt vom 27. Juni 1991.

Ein besonders krasses Beispiel, wie man eine Stadtverwaltung übervorteilt hat, ist im Gewerbereport 5/91 veröffentlicht. Aus einem Ort im Erzgebirge wurde folgendes berichtet:

"Zwecks dringend benötigter Mehreinnahmen für die Stadtkasse hatte sich dort die Stadtverwaltung entschlossen, den 700 qm großen Festplatz in bester innerstädtischer Lage zu verpachten. Einer westdeutschen Marketingfirma gelang es, das Gelände anzumieten - wie, ist uns nicht bekannt - und dort zwei Kleinhändler und in einer Halle einen großen westdeutschen Discountfilialisten anzusiedeln. Den beiden Kleinhändlern nimmt die Marketingfirma monatlich für 30 qm über 1.700 DM Pacht ab. Wieviel der Discounter bezahlen muß, war nicht zu erfahren, geht man jedoch von dem gleichen Quadratmeterpreis wie bei den Kleinhändlern aus, dann sind hier monatlich ca. 30.000,-- DM Pacht zu entrichten. Aue könnte die jährlichen Einnahmen von insgesamt ca. 400.000 DM aus der Verpachtung des Festplatzes dringend gebrauchen, z.B. für Maßnahmen zur Steigerung ihrer Attraktivität als Einkaufsstadt, nur, diese Einnahmen gehen an die westdeutsche Marketingfirma, die Stadt selbst erhält von dieser nach den uns vorliegenden Informationen 6.500,-- DM jährlich (!)."

Nun wird sicherlich dieser skandalöse Vertragsabschluß nicht rechtswirksam sein, er zeigt aber überdeutlich, mit welchen unseriösen und auch kriminellen Methoden westdeutsche Unternehmen, die diesen Namen eigentlich gar nicht verdienen, das Ansehen der sozialen Marktwirtschaft in Mißkredit gebracht haben und wie schwierig es ist, die dadurch entstandenen Vorurteile nach und nach wieder abzubauen.

VIII. Die "Ethik" der Benetton-Werbung

Eine der zur Zeit am häufigsten diskutierten Werbekampagnen ist die Benetton-Werbung. Die Firma Benetton nimmt für sich in Anspruch, die Darstellung von Bildern mit menschlichem Elend, menschlicher Not, Tod und Verzweiflung habe den Zweck, die Öffentlichkeit hierüber aufzuklären, weil sie die Möglichkeit habe, jederzeit in jeder Publikation und in jeder Rundfunk- und Fernsehanstalt auf diese realen Zustände hinweisen zu können. Die Scheinheiligkeit dieser Argumentation wird offenbar, wenn man sie mit dem Zweck dieser Werbung in Verbindung bringt. Die Argumentation der Firma Benetton könnte doch nur dann glaubwürdig sein, wenn sie die gleichen Mittel anstatt der firmeneigenen Werbung zur Förderung der Bekämpfung solcher Mißstände, wie sie dargestellt werden, einsetzen würde.

So wie die Werbung heute dargestellt wird, hat sie doch im wesentlichen den Zweck, den Namen der Firma Benetton möglichst bekannt zu machen und dafür zu sorgen, daß die Produkte des Unternehmens - in erster Linie Pullover - gekauft werden. Wenn man in irgendeinem Beispielsfall von Vermarktung der Ethik sprechen kann, dann in diesem Falle, in dem ein Unternehmen sich ein ethisches Mäntelchen umhängen will, dem es in erster Linie natürlich um die Ausweitung des Unternehmens und die Steigerung seines Umsatzes geht.

Dies ist in der Rechtsprechung auch von Anfang an erkannt worden. Deshalb wurde die Werbung auch durch verschiedene Gerichtsverfahren untersagt. So bezeichnet u.a. das Oberlandesgericht Frankfurt die Werbung als verwerflich, weil sie mit menschlichem Elend und Ausnutzung von Mitleid für den Absatz der Produkte des Unternehmens werben wolle.

Die Werbung dient auch nicht etwa dazu, bestehende Tabus zu brechen, wenngleich man sagen muß, daß sie durchaus menschenverachtende Züge erkennen läßt und demnach mit Werten bricht, aber nicht mit Tabus. Trotzdem findet die Werbung bei einigen Interpreten Zustimmung, weil es sich um eine angeblich neue Werbeidee handelt. Auf diese Idee kann man aber wohl auch nur kommen, weil es sich auf der einen Seite um einen geschickten Werbemanager handelt, den das Unternehmen beschäftigt, und andererseits um eine Branche, die hinsichtlich der Werbung insgesamt nicht in einem besonderen Mißkredit in der öffentlichen Meinung steht, jedenfalls nicht mehr Mißkredit als die Werbung ganz allgemein.

Was tatsächlich geschieht, würde viel einfacher dargestellt werden können, wenn man einmal Branchen nimmt, die, ob zu Recht oder zu Unrecht, im öffentlichen Meinungsbild hinsichtlich ihrer Werbung viel Kritik erfahren, z.B. die Waschmittel-Werbung oder die Zigaretten-Werbung oder die Werbung für Alkohol.

Wer würde es deshalb denn zum Beispiel für eine neue Idee und einen guten Werbeeinfall halten, wenn in dem Bild des brennenden Sarajevo der Slogan erschiene "Test the West" oder wenn blutverschmierte Leichen abgebildet würden mit dem Spruch "Persil bleibt Persil" oder eine Massenkarambolage von Autos mit dem Spruch "Darauf einen Dujardin"?

Die Zulässigkeit einer Werbemaßnahme kann aber nicht davon abhängig sein, für welche Branche mit welchen Motiven geworben wird, sondern die Werbung muß grundsätzlich einen Bezug zu den Produkten haben, die verkauft werden, auch wenn dies in Form der sogenannten Life-Style-Werbung geschieht.

Es ist deshalb auch kein Zufall, daß keine Werbeaktion in den letzten Jahrzehnten so viel Unmut sowohl bei Verbrauchern als auch in der Wirtschaft ausgelöst hat wie die Benetton-Werbung, weil man sich allgemein bewußt ist, daß damit die Akzeptanz von Werbung nicht nur nicht gefördert, sondern ganz wesentlich verschlechtert wird, und die Argumentation für Werbeverbote, die einige Ideologen ja nach wie vor für notwendig halten, dann auch eine breitere Zustimmung findet. Das Verhalten in der Wirtschaft, insbesondere in der Werbung, erfordert eben ethische Grundsätze, die auch vom Gesetzgeber als Rahmenbedingungen vorgegeben sind. Hierüber kann sich längerfristig niemand mit Erfolg hinwegsetzen, auch nicht die Firma Benetton.

IX. Schlußbemerkung

Es ist nicht zu verkennen, daß einzelne Unternehmen versuchen, Ethik zu vermarkten und mit ethischen Argumenten höhere Umsätze erzielen. So wird von vielen auch nicht hinreichend kritisch gesehen, wenn im Bankenbereich sogenannte "Ethikfonds" angeboten werden. Häufig wird dies mit der Forderung verbunden, es dürfe sich nur um Firmen handeln, die sich um den Umweltschutz besonders verdient machen. Deutlich wird dabei, daß Zeitgeistentwicklungen zur Grundlage unternehmerischer Überlegungen gemacht werden sollen; deshalb auch die vielen Mißbräuche mit der sogenannten Umweltwerbung. In beiden Bereichen bedarf es deshalb der hinreichenden Aufklärung, weil hier gefühlsbetonte Argumentationen ausgenutzt werden, um wirtschaftliche Vorteile zu erreichen, ohne daß die Leistung echt verglichen wird. Dies wird an Beispielen deutlich wie der Kampagne gegen Plastikeinkaufstüten, die nunmehr nach Feststellungen des Bundesumweltamtes umweltverträglicher sind als die Papiertüten, auf die sich weiteste Bereiche der Unternehmerschaft umgestellt haben.

Wirtschaftsunternehmen sind keine Wohltätigkeitsveranstaltungen. Sie müssen den notwendigen Erfolg haben, um u.a. auch die Arbeitsplätze im einzelnen Unternehmen zu sichern. Sie haben deshalb auch nichts zu verschenken. Auf der anderen Seite sind sie natürlich nicht gehindert, gemeinnützige Anliegen zu unterstützen.

Bedenklich wird das Verhalten der Unternehmen jedoch dann - insbesondere in der Werbung -, wenn die Unternehmen den Eindruck vermitteln wollen, sie seien die Guten, die sich an ethischen Grundsätzen orientieren, und man solle doch der Ethik zuliebe bei ihnen kaufen, oder ihnen läge der Umweltschutz mehr am Herzen als den anderen Unternehmen, die mit ihnen im Wettbewerb stehen. Es ist deshalb immer ein gesundes Mißtrauen angebracht, wenn Unternehmen vom eigentlichen Unternehmenszweck ablenken wollen, um das soziale Engagement der angesprochenen Verbraucherkreise für sich auszunutzen.

Wie alle Mitglieder der Gesellschaft, so können aber natürlich auch die Unternehmer den Spruch von Marie von Ebner-Eschenbach beherzigen:

"Bis zu einem gewissen Grade selbstlos sollte man schon aus Selbstsucht sein."

*Adolf-Friedrich Jacob**

Tue Gutes, rede darüber, und lass' andere bezahlen

Ein Essay über die Vermarktung der Bereitschaft zur Mildtätigkeit sowie der Hilfs- und Opferbereitschaft

Reflexionen zum Thema

Im Zusammenhang mit dem Generalthema des diesjährigen Dies Academicus *"Vermarktete Ethik"* haben wir es hier mit einem besonderen Segment zu tun, das bisher relativ unbeachtet geblieben ist.

Im Gegensatz hierzu sind zwei verwandte Formen einer Ethikvermarktung häufig Gegenstand von journalistischen und wissenschaftlichen Erörterungen: Mäzenatentum und Sponsoring.

Unser Gegenstand unterscheidet sich vom *Mäzenatentum* in dreifacher Weise:

Erstens werden keine eigenen Mittel eingesetzt, sondern gesammelte oder erbettelte, zweitens wird öffentlich über die Verwendung dieser Mittel geredet und drittens folgt eine immaterielle oder materielle Gegenleistung für den Spender.

---

* Prof.Dr. Adolf-Friedrich Jacob, Wissenschaftliche Hochschule für Unternehmensführung Koblenz

Unser Gegenstand unterscheidet sich vom *Sponsoring* in zweifacher Form:

Zum einen - und dies hat Sponsoring mit dem Mäzenatentum gemeinsam - werden keine eigenen Mittel aufgewendet, zum anderen wird keine Werbung für ein Produkt oder ein Unternehmen betrieben.

Die Vermarktung der Mildtätigkeits-, Hilfs- und Opferbereitschaft einzelner Individuen der Gesellschaft ist kein Marketing-Instrument.

Um was also geht es?

Mildtätigkeits-, Hilfs- und Opferbereitschaft sind ethische, moralische oder religiöse Grundhaltungen. Der Philosoph Max Scheler würde - treffend - von Formen der *Sympathie* sprechen.

Diese Grundhaltungen reflektieren eine bürgerliche Tugend, dann sprechen wir von Mildtätigkeit. Und bürgerliche Tugenden sind wohl altmodisch geworden. Sie bezeichnen ein sittliches Verhalten, dann meinen wir "Hilfsbereitschaft". Sie weisen auf eine religiöse Befindlichkeit, dann nennen wir sie "Opferbereitschaft".

An diese Grundhaltungen werden bestimmte *Rollenerwartungen* geknüpft:

Bei "Mildtätigkeit" denken wir an die Förderung, Rettung, Sanierung von Kulturdenkmälern, regelmäßig unter Restfinanzierung - und dies sind dann 60 vom Hundert der Gesamtkosten - der öffentlichen Hände.

Bei "Hilfsbereitschaft" denken wir an humanitäre Hilfen, meist spontan durch Finanzierung von lokalen, regionalen, nationalen oder internationalen Projekten, insbesondere bei Naturkatastrophen oder Kriegsfolgen weltweit. Es wird dann gern von einer "Welle der Hilfsbereitschaft" gesprochen.

Bei "Opferbereitschaft" schließlich denken wir an Frömmigkeit, an Spenden als "gute Werke" für die religiösen (kirchlichen) Institutionen mit einer erwarteten spezifischen Gegenleistung: der Sündenvergebung oder der Heilsmehrung.

Allen drei Formen ist gemein, daß sie von der Gesellschaft als soziale Leistungen dergestalt honoriert werden, daß sie die individuelle Steuerlast durch Verminderung um die Höhe der Spende entlasten.

Eine Ausnahme können hierbei allerdings Frömmigkeitsopfer sein, wenn sie in Form einer Kollekte (Beispiele: Miserior, Brot für die Welt) erhoben werden. Dann erfolgt eine immaterielle, kollektive Gegenleistung durch Segnung von Gabe und Geber.

In diesem Essay beschränken wir uns auf *Mildtätigkeits- und Hilfsbereitschaft* in ihrer Vermarktung. Die Einbeziehung der Frömmigkeit könnte den Vorwurf des Anti-Klerikalismus zur Folge haben - wer möchte sich diesen ohne Not zuziehen?

Bei der Vermarktung treffen wir auf zwei Gruppen von *Akteuren*:

Da sind einmal die *Spender*, oder allgemeiner die Geldgeber als diejenigen, die die Mittel für den jeweiligen "guten Zweck" aufbringen. Und da sind zum zweiten die *Verwender*, also diejenigen, die die Gelder sammeln und sie - nach Abzug mehr oder minder hoher Verwaltungs-Aufwendungen - dem guten Zweck zuführen. (Nota bene: die einen bekommen eine Spendenquittung, die anderen einen Orden.)

Die Verwender sind zumeist "Unternehmen ohne Erwerbscharakter" - so nennt sie die amtliche Branchenstatistik - , sie sind "non-profit-Unternehmen" (wie übrigens auch die WHU), aber durchaus unternehmensmäßig organisiert. Sie und ihre Vermarktungskonzepte interessieren uns primär.

Sie unterscheiden sich von gemeinnützigen Einrichtungen (etwa Krankenhäuser in nicht privater Trägerschaft) durch die Art ihrer Leistungserstellung: Sie sammeln Geld und leiten es weiter für Objekte der Gemeinnützigkeit; sie sind insoweit eine spezifische Art von Finanzintermediären, aber keine Banken. Die Geldgeber sind keine Einleger mit rationaler, sondern Spender mit irrationaler Nutzenfunktion: nicht der Zins und die Rückgewähr, sondern der endgültige Verlust des gespendeten Geldes ist das Ergebnis des Transformationsprozesses.

Nach diesen Reflexionen zum Thema lassen Sie uns zum Thema selbst kommen.

Beginnen wir mit einem Versuch einer Klassifizierung der Intermediäre.

Erster Hauptteil: Klassifizierung der Intermediäre

Wenden wir uns zunächst den *Vereinigungen natürlicher Personen* zu, zusammengeschlossen in eingetragenen Vereinen, mit der Berechtigung, Spendenquittungen zur Vorlage beim Finanzamt auszustellen.

Hier lassen sich drei Erscheinungsformen erkennen:
Einmal die Vereinigungen mit dem *Nebenzweck* der Wohltätigkeit oder Hilfsbereitschaft. Hierzu zählen insbesondere

Männer- und Frauenclubs wie Lions-, Rotary- oder Zonta-Clubs, Logen.

Das typische *Vermarktungskonzept* der Bereitschaft zur Wohltätigkeit, der Hilfsbereitschaft sind Wohltätigkeits-Veranstaltungen mit dem Motto: "Der Reinerlös ist bestimmt für..."

Zum zweiten treffen wir auf *projektbezogene Vereinigungen* mit dem alleinigen Zweck der Wohltätigkeit. Hierzu zählen die typischen Zweckgemeinschaften mit Schirmherrschaften herausragender Persönlichkeiten aus Kultur, Sport, Politik und Wirtschaft.

Das *Vermarktungskonzept* - regelmäßig geht es um die Erlangung von Spendengeldern im engeren oder weiteren Sinne - besteht im Appell an des potentiellen Spenders Wohltätigkeit, wobei diese mitunter zusätzlich durch die Zusicherung einer dauerhaften Herausstellung des Spenders angeregt werden soll, etwa durch Finanzierung von abgrenzbaren und daher dem Spender zuordnungsfähigen Einzelteilen des Projekts (Orgelpfeifen, Fenster, die mit dem Namen des Spenders versehen werden).

In der Regel tritt eine derartige Vereinigung als Förderverein auf, gibt Festschriften und Projektzustandsberichte heraus, erhebt feste Mitgliedsbeiträge über die Projektlaufzeit, veranstaltet für die Mitglieder oder spontanen Förderer zur Aktivierung des Spendenaufkommens und/oder des gesellschaftlichen Ansehens exklusive Feste: etwa einen Ball jährlich zu hohen Eintrittspreisen (inclusive Speisen, ohne Getränke) mit Festessen, Darbietungen und Tombola. Bekanntestes Beispiel: die Deutsche Sporthilfe mit dem *Ball des Sports*.

Zum dritten sind hier die *Wohlfahrtsverbände* in freier oder kirchlicher Trägerschaft zu nennen, die insbesondere bei Katastrophen oder Kriegsfolgen in spektakulärer Form - Aufrufe über die Medien, insbesondere das Fernsehen - um Geldspenden, lokal auch um Sachspenden bitten; weniger spektakulär tritt z.B. das auch in diese Kategorie gehörende "Müttergenesungswerk" auf.

Viertens sind schließlich *staatliche Institutionen* zu nennen: *Anstalten des Öffentlichen Rechts* nämlich, mit dem Zweck der Auflegung von *Lotterien*; denn hier werden neben anderen auch Lotterien aufgelegt, die primär wohltätigen Zwecken dienen sollen; "Die Glücksspirale" sei als Beispiel genannt. Mit dem Thema "Lotterie" wollen wir uns nun in einem neuen Abschnitt dieses Essays beschäftigen.

Zweiter Hauptteil: Lotterie und Lotterielos

Die Idee der Lotterie ist bereits Jahrhunderte alt; wir denken hier etwa an die von *Giacomo Casanova* im Jahre 1757 für den König von Frankreich veranstaltete Lotterie[1]; Ziel war es, zwanzig Millionen Louisdor für eine Militärschule

---

1 Vgl. Giacomo Casanova: Memoiren, Lotterie und Kabbala, in: Giacomo Casanova: Memoiren, Band 2. Nach der Übersetzung von Franz Hessel und Ignaz Jezower bearbeitet von Walter Hess. Mit einem Essay "Zum Verständnis des Werkes" von Richard Alewyn, ausgewählt und hrsg. v. Ernesto Grassi. Rowohlts Klassiker der Literatur und Wissenschaft, hrsg. v. Ernesto Grassi unter Mitarbeit von Walter Hess. Biographien, Band 3. Hamburg 1959, S. 7 - 45.

zu beschaffen, "ohne den Staat zu belasten und ohne den königlichen Schatz zu leeren".[2] *Casanova* resümiert übrigens über die Tätigkeit des Lotterieausrichters wie folgt: "Sie ist für einen Privatmann eine beschwerliche Aufgabe, denn ihre Verlockung steht in keinem Verhältnis zum tatsächlichen Gewinn, aber den Regierungen, die Habsucht und Gier des Publikums in aller Ruhe ausbeuten wollen, bringt sie großen Vorteil."[3]

Erwähnt sei auch noch die Lotterie, die um 1760 der Fürstbischof von Würzburg und Bamberg, Adam Friedrich von Seinsheim, - zum Jammer der Moralisten seiner Lande - zur Finanzierung des Baus der Würzburger Residenz und der Kriegskosten des Siebenjährigen Krieges einführte: Von der Kanzel herab ließ er ihre Einrichtung verkünden, und daß ein Zehntel der Einnahmen an die Armen, 50 % aber an den Staat abgeführt würden.[4]

Das Interesse an Lotterien war schon damals groß - und diente schon den Zeitgenossen als Anlaß zum Spott; Goethe etwa berichtet über eine der Masken im Römischen Karneval - siehe Italienische Reise, III. Teil -:

"Ein Zauberer mischt sich unter die Menge, läßt das Volk ein Buch mit Zahlen sehn und erinnert es an seine Leidenschaft zum Lottospiel."

Wir wollen für unsere Zwecke zwischen zwei Arten der Lotterie unterscheiden: Solche mit primär wohltätigen

---

2 Vgl. Giacomo Casanova, a.a.O., S. 14.

3 Vgl. Giacomo Casanova, a.a.O., S. 27.

4 Vgl. Werner Dettelbacher: Bauherren und Mäzene - Adam Friedrich von Seinsheim und seine Zeitgenossen, in: Wolfgang Buhl (Hrsg.): Franken im Rokoko - Streifzüge durch eine Kulturlandschaft, München 1989, S. 72 - 82, s. bes. S. 74 f.

Zwecken und solche, die in erster Linie nur dem Glücksspiel dienen.

Lotterien der ersteren Kategorie arbeiten mit folgendem *Vermarktungskonzept*:

Ein rational handelndes Wirtschaftssubjekt genießt - trotz besserer ökonomischer Einsicht - die von einer praktisch nicht vorhandenen Gewinnchance genährte Hoffnung, ohne Arbeit reich zu werden; das gilt stets für Lotterien.

Hier, bei den "wohltätigen Lotterien", tritt aber eine Verbindung von Spielfreude, Gewinnhoffnung und Spendenfreude auf: die moralische Rechtfertigung des als unmoralisch empfundenen Spiels durch den guten Zweck des für den Loskauf aufgewendeten Betrages.

Diese - im übrigen sehr publikumswirksamen - Lotterien sind so bekannt, daß man sie kaum noch beim Namen nennen muß: es sind die Fernsehlotterien "Ein Platz an der Sonne", "Der große Preis" zugunsten der "Aktion Sorgenkind", "Die Glücksspirale".

Bei den Lotterien der zweiten Kategorie - die sich als reine Glücksspiele darstellen -, wie Klassenlotterien, und staatliches Lotto und "Spiel 77", geht es dagegen *allein* um das Ausnutzen der Spielfreude oder - im extrem - der Spielleidenschaft durch Hoffnung auf Gewinn.

Das moralische Defizit des Glücksspiels wird nicht bei dem Teilnehmer am Spiel, sondern durch den Veranstalter geheilt: Unterstützung förderungswürdiger Vorhaben, die dem Glücksspieler in der Regel nicht bekannt sind oder ihn nicht sensibilisieren.

So hat kürzlich die Lotterie-Treuhandgesellschaft mbH Hessen berichtet, sie habe im Jahre 1991 insgesamt knapp 913 Millionen Mark umgesetzt. Davon habe das Land Hessen an Wett- und Lotteriesteuern 152 Millionen Mark erhalten, 157 Millionen Mark seien für die Förderung kultureller, sozialer, sportlicher und denkmalpflegerischer Aufgaben ausgekehrt worden.[5]

Wenden wir uns nun kurz einigen theoretischen Betrachtungen zum Thema Lotterie zu.

Dirk Thomas hat in diesem Jahr am Lehrstuhl für Betriebswirtschaftslehre, insbesondere Finanz- und Bankmanagement, der WHU eine exzellente Diplomarbeit verfaßt:

Lotterie und Lotterielos als Finanztitel am Beispiel der Lotterie des Deutschen Anti-Sklaverei-Kommitees in Koblenz, 1891.

- Es sei an dieser Stelle angemerkt, daß das Gebiet, in das diese Arbeit fällt - *Lotterien als Finanzierungsinstrument* für gemeinnützige oder wohltätige Zwecke - , künftig ein Forschungsschwerpunkt des Lehrstuhls sein wird; mit der genannten Diplomarbeit wurde ein erster Grundstein dazu gelegt. -

Es würde allerdings sicherlich zu weit führen - und das Publikum vielleicht auch überfordern -, im einzelnen nachzuzeichnen, unter welchen Bedingungen ein Lotterielos für den Erwerber ein Finanztitel ist, nach welchen ökonomischen Kriterien ein Investor ein Lotterielos erwirbt, und ob er möglicherweise sein Wertpapier-Portfolio durch Hinzufügung eines Lotterieloses effizienter gestalten kann.

Wir wollen an dieser Stelle lediglich konstatieren, daß ein Lotterielos als Finanztitel angesehen werden kann; zu dessen konstitutiven Eigenschaften zählt die Betriebswirtschaftslehre die bedingte oder unbedingte Anwartschaft des

5 Vgl. Frankfurter Allgemeine Zeitung vom 7.8.1992.

Inhabers auf Zahlung - wobei Bedingungen möglich sind, die an einen Losentscheid anknüpfen.

Die *Durchführung einer Lotterie* erfolgt in fünf Phasen:

1. Der Ausrichter gibt den Spielplan bekannt.
2. Der Ausrichter verkauft Lose an die Spieler.
3. Die Lotterie wird durchgeführt.
4. Aufgrund der Lotterie werden die Lose neu bewertet.
5. Der Ausrichter kauft pflichtgemäß die Lose zum neuen Preis zurück.

Zu dem Rückkauf merkt *Dirk Thomas* zutreffend an: "Dabei ist es unbedeutend, ob der physische Übergang des Loses auf den Ausrichter stattfindet. Wenn der neue Wert des Loses *Null* beträgt (Niete), kann dieser Vorgang entfallen".[6]

Aus diesem Ablaufmodell werden die Rechte und Pflichten des Ausrichters und des Spielers deutlich; so gilt für den *Ausrichter*:

Er hat das Recht auf Festlegung des Spielplanes und des Lospreises, sowie das Recht auf Verkauf aller Lose. Er hat die Pflicht zu Durchführung der Lotterie und zum Rückkauf der Lose zum neuen Preis.

Für den *Spieler* gilt:

Er hat das Recht auf den Kauf eines Loses und dasjenige zum Verkauf des Loses zum neuen Preis.

Soweit die allgemeinen Ausführungen.

Wir wollen uns nunmehr, um zu einer speziellen Aussage zu gelangen, einer der oben genannten Kategorien der Lotterien etwas genauer annehmen: *der Veranstaltung von*

---

6 Dirk Thomas: Lotterie und Lotterielos als Finanztitel am Beispiel der Lotterie des Deutschen Anti-Sklaverei-Kommitees in Koblenz, 1891, S. 6, Fußnote 23.

Lotterien als Finanzierungsinstrument für gemeinnützige oder wohltätige Zwecke, auf die das Motto dieses Essays "Tue Gutes, rede darüber und laß andere bezahlen" in besonders typischer Weise zutrifft.

Zwei Lotterien, die mit dem hiesigen Raum Koblenz besonders verbunden sind, sollen als Beispiele dienen: Die "Deutsche Antisklaverei-Lotterie" von 1891 und die Roentgen-Lotterie aus dem Jahre 1768.

Kapitel 1: Die Deutsche Antisklaverei-Lotterie von 1891

Das Landesmuseum Koblenz hat 1991 eine Monographie von *Bernhard Gondorf* über das Deutsche Antisklaverei-Kommitee in Koblenz vorgelegt[7]; darin wird auch auf die von dieser Vereinigung betriebene "Deutsche Antisklaverei-Lotterie" eingegangen. Dieser Darstellung folgen wir in einem zusammenfassenden Überblick.

1887 fusionierten verschiedene deutsche Kolonialvereine zur "Deutschen Kolonialgesellschaft", deren Ziel es war, das Verständnis für die Kolonien in der Bevölkerung zu vertiefen, die deutschnationalen Kolonisations-Unternehmungen zu fördern sowie den wirtschaftlichen und geistigen Zusammenhalt der deutschen Auswanderer in den Kolonien mit dem Vaterlande zu festigen.

---

7 Bernhard Gondorf: Das deutsche Antisklaverei-Kommitee in Koblenz. Eine Episode in der deutschen Kolonialgeschichte. Veröffentlichungen des Landesmuseums Koblenz, Staatliche Sammlung technischer Kulturdenkmäler. Reihe B. Einzelveröffentlichungen, Band 39, hrsg. v. Ulrich Löber. Koblenz 1991.

An der Spitze der Gesellschaft stand *Hermann Fürst zu Hohenlohe-Langenburg*. Die Gesellschaft finanzierte sich durch Mitgliedsbeiträge und Spenden.

Da die finanziellen Mittel nicht in der erhofften, ausreichenden Höhe flossen, regten einige Mitglieder des Antisklaverei-Kommitees in Koblenz die Veranstaltung einer Klassenlotterie zugunsten der Gesellschaft an.

Der Reinerlös sollte der Unterbindung des Sklavenraubs und -handels dienen durch Erhöhung der Präsenz der deutschen Schutzmacht, dem Kauf von Dampfern und Schnellseglern. Ebenso sollte die Errichtung von Schutz- und Missionsstationen für befreite Sklaven finanziert werden.

An der Spitze des "Kommité zur Veranstaltung der Deutschen Antisklaverei-Lotterie" standen *Wilhelm Fürst zu Wied* und *Hermann Fürst zu Hohenlohe-Langenburg*. Den Vorsitz übernahm auf Bitten des Fürsten Hohenlohe, der eine zu enge Verbindung zwischen Kolonialgesellschaft und Lotterie in der Außenwirkung fürchtete, Fürst Wied. Dieser berief den Bergrat Dr.Max Busse aus Dortmund zu seinem bevollmächtigten Vertreter und Geschäftsführer, der für diese Aufgabe aus dem preußischen Staatsdienst beurlaubt wurde.

Die Genehmigung einer Lotterie lag in der Kompetenz des jeweiligen Bundeslandes. Trotz der verwandtschaftlichen Beziehungen der Fürsten Wied und Hohenlohe zu den deutschen Herrscherhäusern erwies sich die Genehmigung für das gesamte Reichsgebiet als sehr kompliziert. Dennoch gelang die Genehmigung fast reichsweit, lediglich Sachsen und Anhalt verweigerten die Genehmigung für ihr Hoheitsgebiet. Allerdings bot die Großherzoglich-sächsische Staatslotterie den Vertrieb der Lose über ihre fast zweihundert im Reichsgebiet verteilten Agenten an. Auf diese

Weise konnte man die Provision abschöpfen, ohne die Nachfrage nach den eigenen Losen im Hoheitsgebiet zu schmälern.

Eine weitere Schwierigkeit lag in der erforderlichen Bürgschaft eines Bankenkonsortiums für die Absicherung der Gewinne.

Noch bevor das erste Los verkauft war, begann ein kräftiges Hickhack zwischen den einzelnen Persönlichkeiten und Organisationen um die Verteilung des Reinerlöses. Hinzu kam, daß bereits bestehende Stiftungen und Vereine in Afrika tätig waren, so daß auf deren konkrete Maßnahmen Rücksicht genommen werden mußte.

Gespielt wurde in zwei Klassen, der Lospreis betrug je Ziehung 21 Mark, neben den Voll-Losen gab es 1/2 und 1/10 Lose, so daß das Preisintervall mithin zwischen 2,10 Mark und 42 Mark für den Loseinsatz lag.

Erreicht wurde ein Reinerlös von knapp 2 Millionen Mark, die in Afrika für die verschiedensten Zwecke der um die Mittel streitenden Parteien ausgegeben wurde, jedoch nicht direkt der Unterbindung des Sklavenraubs und -handels diente.

Eine zweite Lotterie wurde nicht genehmigt. Das Anti-Sklaverei-Kommitee löste sich 1894 auf. Der Rest des Geldes, etwa 10 Tausend Mark, übergab Wilhelm Fürst zu Wied der Deutschen Kolonialschule in Witzenhausen, die übrigens heute noch besteht.

Die Gesamtkapitalrendite betrug mehr als 1.000 %.

Dirk Thomas konkludiert:

"Wegen ihrer Ausrichtung auf die breite Bevölkerung einerseits und ihrer Profitabilität andererseits erscheint die Lotterie als ein sehr geeigneter Werbeträger für karitative Botschaften. So ist zum Beispiel die Lotterie im Rahmen der Sendung 'Der Große Preis' für die 'Aktion Sorgenkind' nicht nur ein Instrument zu Anregung und Ergänzung der Spendenfreude, sondern auch ein Mittel gegen die Verdrängung der Behinderten und der Behinderung überhaupt aus dem öffentlichen Bewußtsein."[8]

Soweit die Lotterie des Deutschen Antisklaverei-Kommitees in Koblenz aus dem Jahre 1891.

Ein Gespräch mit dem gegenwärtigen Chef des Hauses Wied, Friedrich Wilhelm Fürst zu Wied, führte auf die Spur einer zweiten Lotterie, die zum Ziel hatte, einem Unternehmer auf sehr originelle Art das zur Sanierung seines Unternehmens notwendige Kapital zu beschaffen. Es handelt sich dabei um die *Roentgen-Lotterie*, nach der mein Mitarbeiter, Dr. Johannes Möhlmann, im Fürstlich-Wiedischen Archiv und im Kreismuseum in Neuwied geforscht hat. Seine Ergebnisse seien hier mitgeteilt.

Kapitel 2: Die "lotterey von künstlichen Cabinet=Stücken" (Möbellotterie) von 1768

Der Hintergrund[9]

Protagonisten dieser originellen Lotterie sind Vater und Sohn Roentgen: Der Vater, Abraham, war der Gründer der in Europa weitberühmten Möbelmanufaktur in Neuwied. 1711 in einem heute zu Köln gehörenden Stadtteil geboren,

---

8 Dirk Thomas, a.a.O., S. 42.

9 Wir folgen hier insbesondere zwei Quellen: "Möbel von Abraham und David Roentgen", Schriften des Kreismuseums Neuwied. Landkreis Neuwied 1990; Josef-Maria Greber: Abraham und David Roentgen, Möbel für Europa, Starnberg 1980, hier: S.88 - 91.

erlernte er bei seinem Vater die "Cabinetmacherei", er wurde also Ebenist oder, wie wir heute sagen würden: Kunsttischler. Er arbeitete in Den Haag, Amsterdam und London, wo ihm die englischen Möbel zum Vorbild wurden. Daher nannte er sich auch "englischer cabinetmaker". Eine Predigt des Grafen Nikolaus von Zinzendorf, dem Begründer der Herrnhuter Unität in London, beeindruckte ihn so tief, daß er sich der Gemeinschaft anschloß.

1738 kehrte Abraham Roentgen nach Deutschland zurück und ließ sich in Marienborn nieder, wo Zinzendorf das Schloß der Grafen zu Ysenburg und Büdingen gepachtet und eine Herrnhuter Kolonie gegründet hatte. Graf Gustav Friedrich wies im Februar 1750 die Herrnhuter aus der Grafschaft.

Ende Oktober 1750 traf Abraham Roentgen mit weiteren vierzig Herrnhutschen Umsiedlern in Neuwied ein. 1752 erteilte Graf Alexander zu Wied den Herrnhutern eine Generalkonzession; er wurde auch der erste adlige Kunde Roentgens am Mittelrhein. Ein weiterer bedeutender Kunde dieser Region wurde der kurfürstliche Hof in Ehrenbreitstein, vor allem unter Johann Philipp von Walderdorff, Erzbischof und Kurfürst von Trier.

In den ersten zwölf bis fünfzehn Jahren in Neuwied nahm die Manufaktur einen schnellen Aufstieg. Das Volumen der Aufträge und der damit verbundene Bedarf an edlen Hölzern und kostspieligen Werkstoffen - Elfenbein, Perlmutter, feuervergoldete Bronzen - erforderten eine Lagerhaltung, für die Abraham Roentgen das notwendige Betriebskapital fehlte.

Mit eintausendvierhundert Reichstalern stand er bei seinem Schwager Bausch, einem Hamburger Kaufmann, in der Schuld, auch bei der Brüdergemeine hatte er einen

Betriebsmittelkredit aufnehmen müssen; die Brüdergemeine war jedoch bald nicht mehr bereit, die Finanzierung der Manufaktur zu übernehmen. Der Ältestenrat schloß Abraham wegen der zunehmenden Verschuldung zeitweilig vom Abendmahl aus: Schuldnerzucht durch Kirchenzucht zweiten Grades. Die Brüdergemeine hinterlegte bei Gericht eine Erklärung des Inhaltes, sie lehne im Falle eines Bankrotts jede Bürgschaft für den hochverschuldeten Unternehmer ab. Sein Haus hatte sie sich bereits zur Sicherung ihrer Forderungen überschreiben lassen.

Die Sanierungs-Lotterie

Der Sanierer des Unternehmens wurde der Sohn David, 1743 geboren. Er schlug vor, zur Sanierung der Manufaktur eine Möbellotterie zu veranstalten.

Dieser, uns heute recht ungewöhnlich erscheinende Weg war keine Finanzierungs-Innovation Davids. Der Lackmöbelhersteller *Johann Christoph Lesieur* hatte in der Zeit von 1718 bis 1725 in Braunschweig viermal seine Lackmöbel "aufs Los setzen lassen", um sich das notwendige Betriebskapital für seine Manufaktur zu verschaffen. Die Idee war also keineswegs neu. Nur fiel die Idee David Roentgens in eine Zeit, die einer derartigen Lotterie durchaus kritisch gegenüberstand. 1768 hatte der übrigens von Goethe hochgeschätzte *Justus Möser* (im dreizehnten Buch des Dritten Teils von "Dichtung und Wahrheit" heißt es "der herrliche Justus Möser") geschrieben: "Die vielen Lotterien und der große Beifall, den sie überall finden, ist ein Merkmal unserer höchst verdorbenen Sitten", ein Urteil, das auch die Brüdergemeine vertrat.[10] Sie lehnte das Vorhaben einer Lotterie ab, und erst das Eintreten des Grafen Wied für die Lotterie verhalf dem Plan zur Realisierung, aber unter der Bedingung, daß David als Veranstalter auftrat. Die Folge war denn auch, daß David Roentgen aus der Gemeine ausgeschlossen wurde, was er wohl nie verwinden konnte.

Im Frühjahr 1768 beantragte er, gegen den Willen des ehzögernden Vaters, auf seinen eigenen Namen beim Ehrwürdigen und Hochedlen Rath der Stadt Hamburg die Konzession einer Möbellotterie, die mit Unterstützung eines hohen Gönners - entweder sein Onkel Bausch oder Graf Wied -, mit Dekret vom 29. Juni 1768 genehmigt wurde: Eine Lotterie "von seinen verfertigten seltenen Kunst- und Cabinetstücken nach dem übergebenen Plan " zu errichten. Die Ziehung wurde auf den 29. Mai 1769 festgelegt.

Gegenstand der Lotterie waren einhundert größere und kleinere Möbel im Wert von 2.145 Spezies-Dukaten. Diese wurden auf 715 Lose zu je drei Spezies-Dukaten verteilt. David verfaßte eine ausführliche Beschreibung der "Losgewinne" und ließ einen entsprechenden Prospekt drucken.

In der "Kaiserlich priviligierten Hamburgischen Neuen Zeitung" vom 24. Februar 1769 wird die Lotterie wie folgt angekündigt:

"Es wird hiermit bekannt gemacht, daß den 29. May dieses Jahrs allhier auf dem Eimbeckischen Hause eine Lotte-

---

10 Hans Huth: Abraham und David Roentgen und ihre Neuwieder Möbelwerkstatt, München 1974, S. 13.

rey gezogen werden soll, dieselbe bestehet aus 715 Looßen a 3 Species Ducaten das Looß, worinnen 100 Gewinne von der neuesten Erfindung und nach dem modernsten Gout, durch den bekannten Künstler und englischen Cabinet=Macher David Roentgen, aus Neuwied verfertigten raren Kunst und Cabinet-Stücken..."

Die Markgräfin Caroline von Baden erwarb allein 30 Lose, der Hauptgewinn fiel an den Hamburger Kornhändler Krotjahn, die Markgräfin erhielt nur vier kleinere Teile.

Die Lotterie wurde ein finanzieller Erfolg.

Die Sanierung der Manufaktur gelang.

Die Lotterie war aber zugleich eine international ausstrahlende Marketing-Veranstaltung, sie machte die Manufaktur international bekannt und begründete den bedeutenden Aufstieg der Manufaktur unter David Roentgen.

Drei kurze Beispiele:

Friedrich Wilhelm II König von Preußen bezahlte 12.000 Reichstaler in Gold für einen Schreibschrank von Roentgen.

An den Petersburger Hof lieferte David Roentgen am 25. März 1786 130 Stücke für insgesamt 72.704 Rubel.

Goethe bezog Möbel von David Roentgen, nachdem im Großen Hirschgraben in Frankfurt ein Dutzend Roentgen-Stühle standen, die sein Vater bei Abraham Roentgen erworben hatte.

1774 besuchte Goethe zusammen mit Basedow und Lavater die Manufaktur in Neuwied und wohnte im Hause d'Ester - so schließt sich der Kreis.

Und von Goethe stammt denn auch die schönste Würdigung der Kunst David Roentgens. In seinem Märchen "Die neue Melusine" (im 6. Kapitel des Dritten Buches von Wilhelm Meisters Wanderjahren nachzulesen) lesen wir:

"Wer einen künstlichen Schreibtisch von Röntgen gesehen hat, wo mit Einem Zug viele Federn und Ressorts in Bewegung kommen, Pult und Schreibzeug, Brief- und Geldfächer sich auf einmal oder kurz nacheinander entwickeln, der wird sich eine Vorstellung machen können, wie sich jener Palast entfaltete, in welchen mich meine süße Begleiterin nunmehr hineinzog". Der Schreibschrank als Zauberschloß.

Und damit wollen wir das Thema für heute beschließen.